# 瀬戸内シネマ散歩 III

鷹取洋二

吉備人出版

「夢千代日記」
美方郡
新温泉町
「集金旅行」
松江市
「男はつらいよ･寅次郎の告白」
倉吉市
鳥取市
河原町
八頭郡
八頭町
鳥取県
真庭市下和
「はやぶさ／HAYABUSA」
兵庫県
岡山県
「種まく旅人～夢のつぎ木～」
赤磐市
総社市
岡山市
「君と100回目の恋」
瀬戸内市牛窓町
「ふたりのイーダ」
「君と100回目の恋」
「海峡」
笠岡市
「ひるね姫～知らないワタシの物語～」
倉敷市下津井
「集金旅行」
尾道市瀬戸田町
坂出市
香川県
丸亀市
「UDON」
「レオニー」
「君と100回目の恋」
善通寺市
豊田郡
大崎上島町
「東京家族」
仲多度郡
琴平町
仲多度郡
まんのう町
「集金旅行」
鳴門市
「集金旅行」
徳島市
徳島県
愛媛県
高知県

# ロケ地マップ

瀬戸内シネマ散歩Ⅲ　目次

第1部

# 「集金旅行」のロケ地を歩く



第2部

# シネマで散歩

## 〝もも〟と〝ココネ〟が歩いた港町



## 原爆の悲劇は今も…

## 故郷への熱い想いと優しいまなざし



## 男と女の哀しい愛とホットな戦い

カバーデザイン　稲岡健吾

# 第1部　「集金旅行」のロケ地を歩く

# はじめに

サラリーマンを卒業した翌年の平成20年から大好きな〝映画〟のロケ地巡りを始めた私にとって、いわゆるロードムービーのはしりともいえる「集金旅行」のロケ地は、ぜひ訪ねたいと思っていた場所だったが、何しろ60年近く前の映画。レンタル店にもビデオがなく断念していたが、念のためにと製作会社の松竹に確認すると、在庫はないが注文製作には応じますということで、やっとのことでＶＨＳを手に入れ、視聴することができた。

ところでロードムービーという言葉だが、キネマ旬報社刊の「現代映画用語事典」（山下　慧、井上健一、松崎健夫著　平成24年発行）によると、〝主人公が長距離の移動や旅行・放浪をする過程、および途上の出来事を描いた映画を漠然と指す〟とある。

「集金旅行」は、貸金と慰謝料の取立て旅行に出る主人公の男（佐田啓二）と女（岡田茉莉子）が、中四国の各地を訪ね珍道中を繰り広げるというまさにロードムービーで、平成25年に生誕１００年を迎えた名匠・中村登監督作品。山口県の岩国、山口、萩、島根県の松江、広島県の尾道、瀬戸田、徳島県の徳島、鳴門を舞台にオールロケで撮影されている。

第1部では、この「集金旅行」のロケ地をストーリーに沿って訪ね、昭和32年のロケ当時と今のロケ地をさまざまな角度から紹介したいと思っている。

そして第2部では「瀬戸内シネマ散歩」（平成21年刊）、「瀬戸内シネマ散歩Ⅱ」（平成24年刊）と同じように、中四国地方の各地で行われた様々な映画のロケ地を訪ね、ロケ地巡りの楽しさをお伝えできればと思っている。

“海鳴の間”から見た平戸城

さて、「集金旅行」の前に、まずは、平成24年に公開されたロードムービーに触れたい。今は亡き高倉健（平成26年11月10日逝去）が6年ぶりにスクリーンに帰ってきたということで話題になった「あなたへ」（降旗康男監督）である。この映画は〝故郷の海に散骨してほしい〟という亡き妻（田中裕子）の願いを叶えるため主人公の倉島英二（高倉 健）が、キャンピングカーを運転して富山から妻の故郷・長崎県平戸市まで旅をするというものである。

ロケ地となった平戸市の薄香《うすか》を訪ねたのは、平成25年の5月、バラ祭り開催中のハウステンボスから城下町平戸を巡る2泊3日の旅の途中だった。

平戸の宿は、「旗松亭」。フロントに「あなたへ　平戸薄香ロケ地マップ」と書かれたパンフレットが置いてある。そうだ！「あなたへ」のラストシーンは、平戸で撮影されたんだった、と、ここで気づく。うかつだった、旅に出る前に気づいていればＤＶＤを見てきたのに、と、ほぞをかんだが、後の祭り。でも、翌日は、予定を少しばかり変更してロケ地の薄香を訪ねてみよう、と、思い直して宿のスタッフに案内され8階の部屋へ。部屋には〝海鳴〟のネームプレートが掛けられている。

部屋の案内をしながらスタッフがひとこと。「お客さん、〈あなたへ〉のロケが平戸で行われた時、この部屋に高倉健さんが、お泊まりだったんですよ」。「え！」と驚き、思わず部屋を見渡す。

なるほど、決して新しくはないがいい部屋だ。何より、部屋からの眺めが素晴らしい。正面、平戸港をはさんで小高い丘の上に白亜の平戸城が聳えている。ベランダに出て右手に廻ると、港からなだらかな傾斜を作りながら伸び上がっている山裾に、2つの寺院とザビエル記念教会の天主堂が重なるようにして薄霞の中、佇んでいる。歴史とロマンの島・平戸を象徴する光景が目の前に広がっている。健さんが寝起きした部屋に泊まることができた上に、この光景。ラッキー、としかいいようがない。

翌朝、薄香に向かった。市街地を抜けて、緩やかな坂道を上り、左右に緑が重なる雑木林の中をくねくねと走り、下り坂を降りきると海が見えてくる。薄香の港だ。ここまで車で約15分。撮影時や試写会の写真、ロケの模様が掲載された新聞記事などが展示されている休憩スポットの前を通り、停泊している漁船を左に見ながらU字型に伸びる港沿いの道をゆっくりと走る。英二が運転していたキャンピングカーと同じように……。

平戸市漁業協同組合薄香支所の奥にある駐車場に車を停め、宿でいただいたロケ地マップを手に港町の集落を行きつ戻りつしながらのんびりと散策した。5月とは思えないほど蒸し暑いが、時おり潮風が頬をかすめ気持ちがいい。

英二が局留め郵便で送られた亡き妻からの絵手紙を受け取った薄香郵便局は、今は、もとの薄香公民館に戻っている。嵐のような大雨の中、英二が泊まった濱崎食堂と亡き妻の少女時代の写真を見つけた冨永写真館として撮影された2軒の民家は、今もロケ時の暖簾と看板がそのまま掛けられている。集落の中をうねるように

薄香港

冨永写真館の前で

続く港町特有の細長い道を歩いていると、岡山県北の田舎で過ごした子供の頃のことが思い出される。懐かしい昭和の香りを漂わせる民家が軒を連ねている。

亡き妻の描いた〝さようなら〟の絵手紙をしっかりと握りしめ、写真館の前で、ひとこと〝ありがとう〟と一礼する英二。妻を亡くした英二の心を包み込み、そっと送り出す薄香の海と港は限りなくやさしい。薄香は、〝さようなら〟と〝ありがとう〟が似合う長旅の終着駅にふさわしい場所だった。

平戸城、オランダ商館跡、松浦資料博物館、ザビエル記念教会などに加えて「あなたへ」のロケ地・薄香……平戸を歩いたその日は、私にとってまさに至福の一日だった。

（取材日／平成25年5月22日、23日）

# プロローグ

## 60年前にタイムスリップ

「集金旅行」は、昭和32年（１９５７）８月から９月にかけて中・四国各地でロケが行われ、その年の10月末に公開されている。

私は、取材の前に必ずその作品のビデオを手に入れて何度も視聴しロケ地に出発するのだが、今回は、何しろ60年近く前の作品。レンタル店にもビデオがなく、一時は諦めかけていたのだが、プロローグでも記したように何とかＶＨＳを手に入れ観ることができた。

ファーストカットは、千円札のアップ。その上に「集金旅行」のタイトルがスーパーされ、続いて流れるスタッフ・出演者ロールのバックにも千円札が重なり合っている。一万円札ではない。そんなオープニングから、主人公２人と子どもの３人が東京発、鹿児島行きの急行列車に乗って集金旅行に旅立ち、岩国を手始めに各地を訪ねていく。ＶＨＳ、いや映画を見ながら６０年前の日本に、そして少年の頃の自分にタイムスリップしている……。映画は時代を映す鏡とはよくいったものだ。

ちなみに、昭和32年の撮影当時の高額紙幣は千円札（同年10月１日には五千円札が発行されているが……）で、一万円札が登場するのは翌年、昭和33年の12月１日である。映画の中でも、千代（岡田茉莉子）が、岩国

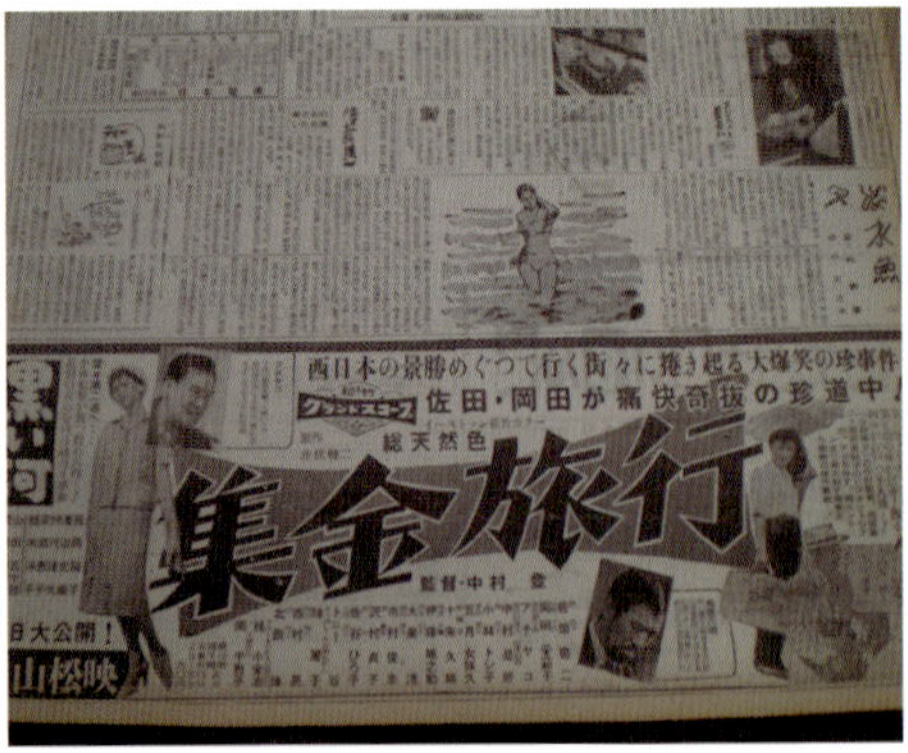


夕刊岡山に掲載された「集金旅行」（岡山松映）の広告。昭和32年11月４日付

で、いろいろあった男・松尾六造（伊藤雄之助）から慰謝料10万円をふんだくるのだが、その札束の分厚いことといったら……。

## 昭和32年といえば……

せっかくなので、昭和32年というのはどんな時代だったのか。毎日新聞社発行の「毎日ムック 新版 戦後50年」（1995年3月25日発行）を参考に、その年を象徴する主なキーワードを拾ってみると――

●NEWS
〈南極昭和基地設営〉〈岸信介内閣成立〉〈ソ連から最後の帰国船、舞鶴に着く〉〈ソ連、人工衛星スプートニク1号打ち上げ〉

●TV
〈アニーよ銃をとれ〉〈名犬ラッシー〉〈ヒッチコック劇場〉〈私だけが知っている〉〈日本の素顔〉〈時事放談〉

●CM
〈クシャミ3回ルル3錠〉〈お買い物は「暮しの手帖」をよんでから〉

アパートの大家でギャンブル好きの仙造（中村是好）は、年の離れたかみさん（小林トシ子）が下宿人の学生と駆け落ちしたと聞かされ、ショックでぶっ倒れそのままあの世へ……。一人残された子供・勇太（五月女殊久）のために、アパートの住人・良平（佐田啓二）は、亡くなった父親が知人に貸したお金の集金を請け負うことに。それならばと、過去にいろいろあった男から慰謝料を取り立てるため同行したいと申し出る女・千代（岡田茉莉子）。2人は逃げた母親に会わせようと子供も連れて岩国、山口、萩、松江、瀬戸田、徳島など各地を訪ね歩き、集金旅行という名の珍道中を繰り広げる……。

●昭和32年（1957）松竹作品
●監督／中村登、原作／井伏鱒二、脚本／椎名利夫
●出演／佐田啓二、岡田茉莉子、アチャコ、小林トシ子、伊藤雄之助、トニー谷、市村俊幸、西村晃、沢村貞子ほか

●ＣＯＭＩＣ
〈矢車剣之助〉〈フイチンさん〉〈まぼろし探偵〉
●ＳＯＮＧ
〈有楽町で逢いましょう〉〈東京だよおっ母さん〉〈俺は待ってるぜ〉〈夜霧の第２国道〉〈港町十三番地〉〈バナナ・ボート〉〈チャンチキおけさ〉〈東京のバスガール〉〈監獄ロック〉
●ＢＯＯＫ
〈裸の王様〉〈点と線〉〈天平の甍〉〈人間の壁〉〈死者の奢り〉
〈美徳のよろめき〉〈ちょっとピンボケ〉
●ＳＰＯＲＴＳ
〈世界卓球選手権で日本男子シングルスの荻村伊智朗など5種目に優勝〉〈春のセンバツ、王貞治の早実が初優勝〉〈稲尾和久（西鉄）、20連勝の記録〉〈長嶋、巨人に入団決定〉
●ＷＯＲＤＳ
〈カリプソ〉〈グラマー〉〈ファニーフェイス〉〈ケ・セラ・セラ〉〈よろめき〉〈団地〉〈ストレス〉〈何んと申しましょうか〉
●ＭＯＶＩＥ
もちろん「集金旅行」もこの年の作品だが、ほかにも〈米〉〈喜びも悲しみも幾歳月〉〈幕末太陽伝〉〈蜘蛛巣城〉〈鳳城の花嫁〉〈明治天皇と日露大戦争〉〈夜の蝶〉〈嵐を呼ぶ男〉〈道〉〈翼よ！あれが巴里の灯だ〉〈戦場にかける橋〉〈汚れなき悪戯〉〈ＯＫ牧場の決闘〉〈昼下がりの情事〉〈ジャイアンツ〉などが公開されている。

ちなみに「集金旅行」は、岡山市では、昭和32年11月4日（月）、岡山松映で封切られている。当日の新聞「夕刊岡山」に広告が掲載されているが、それを見ると入場料は１２０円となっている。最終面の下段には、上映作品情報が掲載されている映画館の名前が見えるが、岡山市だけで22館あり、全部で63館にのぼっている。ただ、この数は県南各地のものだけなので、岡山県下全域では100を越える映画館があったと思われる。映画はこの頃が黄金時代だった。翌年の昭和33年には年間11億2750万人という史上最高の入場者数を記録している。

8月のある日、岡山市内の千日前商店街を歩いてみた。戦前から戦後にかけて数軒の映画館が建ち並び、大勢の観客で賑わっていた当時の面影は今はなく、岡山松映のあった場所も駐車場になっていた。

千日前商店街。右手の駐車場のところに岡山松映(旧帝国館)があった

中村 登という監督のことにも少し触れておきたい。

大正2年(1913)、東京生まれ。東京帝国大学を卒業し、松竹大船撮影所に助監督として入社、斎藤寅次郎、島津保次郎、吉村公三郎に師事。昭和16年、監督に昇進し、26年の「我が家は楽し」で頭角を現す。代表作に「古都」(昭和38年)、「紀ノ川」(昭和41年)、「智恵子抄」(昭和42年)など。「古都」と「智恵子抄」は、アカデミー賞外国語映画賞にノミネートされている。

都会的なセンスと穏やかで端正な作風で知られる松竹大船調の名手・中村登はもっともっと評価されていい監督だ。

監督は、昭和56年に亡くなっているが、「集金旅行」の出演者も、岡田茉莉子ら2、3名を除いて佐田啓二など主要キャストの多くが鬼籍に入っている。

昭和32年に撮影された中四国各地のロケ地を56年後の平成25年から26年にかけて歩いてみた。「集金旅行ふたたび」である。

（取材日／平成25年8月25日）

## 岩国編

### 3人は急行〈さつま〉で岩国へ

旗良平（佐田啓二）、小松千代（岡田茉莉子）、幼い子供・勇太（五月女殊久）の3人は東京駅から集金旅行に旅立つ。

彼らが乗り込んだ車両には、〈急行〉、〈鹿児島行〉の文字が確認できる。車窓の向こうにはネオンサインが煌いている。岡山県立図書館に所蔵されている昭和31年12月号の時刻表（日本国有鉄道監修、日本交通公社発行）を見ると、東京―大阪―九州主要幹線連絡・下りのページに特急と急行列車が記載されている。〈つばめ〉〈はと〉〈あさかぜ〉〈かもめ〉という4本の特急の合間に〈阿蘇〉〈霧島〉〈さつま〉〈高千穂〉の急行がある。このうちネオンサインが煌いている時間帯に東京駅を出発するのは、21時45分発の〈さつま〉だけである。3人はこの列車に乗ったに違いない。

3人は、最初の目的地・岩国で列車を降りる。時刻表によれば、翌日の16時32分着ということになる。乗車時間、約19時間という長旅である。ちなみに終点の鹿児島駅到着は、そのまた翌日の早朝5時46分となっている。

岩国駅前からバスに乗った3人は〈錦帯橋〉のバス停で降りる。イエローとブルー、そしてレッドラインが鮮やかなバスの車体には社名と思われる横文字が踊っている。〈IWAKUNI　MUNICIPAL　BUS〉。〈岩国市営バス〉の英語表記である。昭和32年当時にしては鮮やかすぎる車体にMUNICIPAL　BUS？　ロケ地の特定などでお世話になった岩国市観光協会事務局長の米重良治さんによると「当時から岩国にはアメリカ海軍の基地があり、軍人さんも利用していたからね」。なるほど、そういうことか。

私も3人に習って岩国駅前から錦帯橋行きのバスに乗ってみた。ロケ当時は岩国市交通局が運営していた岩国市営バスは、現在は市が100%出資のいわくにバス（株）が運行している。約25分で錦帯橋に到着。バス停は3人が降りた場所からは変わっていたが、彼らの後ろに見えていた木造アーチ橋〈錦帯橋〉の姿は当時のままだ。が、そうではなかった。前述の米重さんの話「昭和32年当時は3代目、現在は4代目の橋ですよ」。

延宝元年（1673）に架けられた初代の橋は、翌年流失したがすぐその年に再建され、昭和25年（1950）、キジア台風による洪水で流失するまで276年間不落を誇ったという。昭和28年、橋台を含め全面的に再建された3代目の橋は、平成16年、架替工事が行われ4代目の橋になったという。

4代目の錦帯橋

## 3人が泊まった錦帯橋畔の宿

バス停で降りた3人は、宿の番頭さんに迎えられ旅館に入る。道路を挟んで向かい側にある旅館である。階段を上って3人が案内された部屋の窓からは、優美な曲線を描いて錦川を渡っている錦帯橋が見えている。

そんなシーンを思い浮かべながらかってのバス停の向かい側に目をやると、「錦帯館」の文字が目立つ3階建ての建物がある。3人を迎えた番頭さんが羽織っていた半纏の背中に、確か〈錦〉の文字が入っていた。「錦帯館」を訪ねてみる。

店番をしていた海部《かいふ》桃江さん（93）に話を聞くことができた。

「集金旅行？ずいぶん昔の話だね。でも、よくおぼえていますよ。うちで撮影されました。亡くなった主人も元気な時でね。大勢の見物人でそりゃ大変でした。撮影が終わると佐田さんや岡田さんは表から出られず、こっそりと旅館の裏口から出て行かれました。撮影があった2階の部屋は、今は使っていませんが当時のままで残っていますよ」。

93歳とは思えないしっかりした足取りで階段を上る桃江さんに案内されて入った部屋――そこは、確かに、良平と千代、2人が反発しあいながら集金のために作戦を練り、過去にいろいろあった男（伊藤雄之助）から慰謝料10万円をふんだくった場所だった。桃江さんがカーテンを開け、ガラス戸を引きあけたその部屋とそこから見える錦帯橋の風景はフィルムに残されている映像そのものだった。窓に駆け寄って錦帯橋に見入っていた幼い子供・勇太が、今、桃江さんと私の目の前にいても不思議ではない。

桃江さんによると、旅館業は撮影後数年でやめ、現在は「御食事処 各種み

「錦帯館」の２階から見た錦帯橋

旧バス停があった場所から見た「錦帯館」

やげ　錦帯館」になっている。

## 岩国往来を通ってロケ場所の公園へ

千代、幼い子供・勇太と一緒に岩国に着いた良平は、錦帯橋畔に宿をとり、早速、集金に出かける。相手は、亡くなった勇太の父・仙造（中村是好）が３万円を貸した松平公夫（大泉滉）。

街なかで良平が通りがかったおばさんに声をかけている。

「ちょっとお伺いします。松平さんのお家は、この辺ですかね」

「松平さん？」

「公夫さんというんですがね」

「ああ、あの評判のバカ息子ですか。向こうに見える白壁のある家ですよ。あんたもあのバカ息子の仲間かな」

「……」

ＶＨＳからそんなシーンを抜き撮りした写真を手に、良平が松平家への道をたずねたその場所を探してみる。場所を特定する手がかりにしたのは、ロケ当時、地元で発行されていた「防長新聞」。山口県立図書館で縮刷版をチェックし、昭和32年9月21日分に〈映画〝集金旅行〟一行　岩国でロケ〉の記事を見つける。〝20日午前10：17岩国駅に着いた一行は、２千余の群衆の中を車を連ねて「白為旅館」に入った〟などと書かれた記事の中に撮影予定場所も記されており、その中の１か所に〈錦帯劇場前〉の名前がある。

「錦帯館」と同じ錦帯橋畔にある岩国市観光協会を訪ね、写真と錦帯劇場の名前を提示してロケ場所に心当たりがないか聞いてみる。「錦帯劇場？うーん、何処にあったかな？覚えがないなあ。あ、でも、佐田啓二さんの後ろに写っているこの特徴のあるコンクリート製の囲いは見たことがあるよ。そうだ、あの公園だ」と、事務局長の米重良治さん。観光協会でいただいたMAPを見ながら教えられた場所をめざす。

ロケ当時、スタッフが宿泊したという「白為旅館」の前を通り、錦帯橋東詰から東南方向に真っ直ぐに伸びている通りを歩いて行く。この通りは、江戸時代から明治にかけて出雲と岩国を結ぶ交流の道として栄えた街道、いわゆる岩国往来の一部である。通りの両側には往時の面影を色濃く残す堂々たる本瓦葺の門のある家や白壁と焼板塀が陽を浴びて目に眩しい家々が軒を連ねている。商家の雰囲気をそのまま生かした喫茶店もあればおもしろ工芸・民芸と銘うった金物店もある。金物店の前に〈暮らし上手は生き上手　工夫が暮らしを愉しくする　宇野千代〉と書かれた木目が鮮やかな板が掲げられている。女流作家・宇野千代は、ここ岩国の出身である。

岩国往来

左右に目をやりながらゆっくりと歩を進める。街路灯の支柱にくくりつけられた竹の花筒が目にとまる。花筒にはトンボや花弁をかたどった焼印が押されている。家の玄関前や道端には、やはり竹製のプランターがそこかしこに置かれ、かわいらしい南天や紫色の花をつけた野草が背比べをするように青空に向かって伸びている。〈残そう！岩国の町並み〉という地域の人たちの心意気とおもてなしの心が伝わるなつかしい小路だ。

## 良平が松平邸への道をたずねた劇場前

錦帯橋から約２５０ｍ、臥竜橋通りとの交差点までやって来た。めざす公園は、この交差点の角にあった。五連のアーチ橋「錦帯橋」をイメージしたと思われる半円形を重ね連ねたユニークなデザインのコンクリート製の垣根（？）が公園を取り囲んでいる。道をたずねる良平の後ろに映っていたあの囲いだ。

公園の西隣にある「細田写真場」のご主人に、写真を見ていただきながらロケについて聞いてみる。「ああ、〈集金旅行〉、知ってるよ。このシーンが撮影されたのは公園の反対側だよ。ほら、２人の向こうにちょっぴり写っているのが映画館の〈錦帯劇場〉。今はなくなってスーパーの〈中央フード〉になっている」。

良平が松平邸は?とおばさんにたずねた公園横の通り

公園の入口側にはコンクリート製の“錦帯橋”囲い（？）が残っている

長方形の小さな公園をぐるっと一回りしてみる。コンクリート製の囲いとベアグラウンドだけが目立った殺風景な公園は、桜の古木に包み込まれた緑豊かな公園に変身していた。あのコンクリート製の垣根（？）も半分がなくなり、金網のフェンスになっている。

後日、岩国中央図書館で見た昭和17年当時の錦帯橋周辺の商業地図によると、「中央フード」のある場所には「岩国劇場株式会社 錦座」があった。その名前でたどっていくと「錦帯劇場」の歩みがわかってきた。

「錦帯劇場」の前身「錦座」は、岩国市で最も古い劇場で、明治33年に開業した芝居小屋。大正12年に火災で焼失したが、翌年再建され、その後「錦帯劇場」に名称変更した。しかし、昭和47年、芝居小屋、映画館としての歴史を閉じ、スーパーマーケットとなった。岩国市立博物館「岩国徴古館」のホームページから取り出した「錦帯劇場」の写真を見ると、東京・銀座の歌舞伎座を思わせるような見事な建物である。そうか、道をたずねる良作の向こうにぼんやりと見えていた唐破風の屋根は、「錦帯劇場」の入口にあったものだったんだと、納得する。

ちなみに、ロケのあった昭和32年、山口県には１２５の映画館があり、うち14館が岩国市にあったという。現在、岩国に映画館はない。

良作は、この後、松平公夫に会い、首尾よく3万円の貸金取り立てに成功するのだが、松平邸として撮影された邸を岩国で見つけることはできなかった。が、意外なところでその場所が見つかった。それは後述。

（取材日／平成25年5月16、17日、9月21日）

〈錦帯劇場〉のあった場所。現在は〈中央フード〉が

# 山口編

## 2つの手がかりをもとにロケ場所を探す

岩国で貸付金の回収と慰謝料をせしめる事に成功した良平と千代は勇太を連れ、次の集金地・山口市に向かう。私も山陽新幹線の新山口駅でJR山口線に乗り換え山口駅へ。

3人が乗った列車の車窓の向こうに入浜式塩田が延々と続いている。多分、防府駅のあたりだろう。駅の南・三田尻は、江戸中期から昭和30年代まで、約260年間に渡って塩の産地として栄えた場所だ。フィルムには、今は姿を消してしまった懐かしい日本の塩田風景が、1カットだけだが残されている。現在、かつての塩田跡地の一角には、入浜式塩田の仕組みや当時の道具などが紹介、展示されている「三田尻塩田記念産業公園」になっている。

山口駅で下車した3人のバックに映っている木造の駅舎は、大正2年（1913）、小郡（現在の新山口）と山口を結ぶ山口線が開通した時に建てられたもので、今の駅舎は、昭和53年（1978）に改築されたものだ。風が吹けば土埃が舞うようだった駅前広場は整備され、ロケ当時の面影はない。今、駅舎には、〈おかげさまで山口駅開業100周年〉の看板が掲げられている。

「ここには大変な大物がいるの。慰謝料の取り立てに協力して！」駅前で、良平にそう頼んだ千代は、街なかにある公衆電話から、その大物・藤沢庫吉（市村俊幸）に電話をかけている。「千代です。ご相談したいことがあって、東京から出てきました。逃げたりしたら怒るわよ。会って下さいますよね」

電話を終えた千代は、すぐそばの橋の欄干に腰掛けて待っていた良平と勇太のもとに駆け寄り「さあ、今日は泣き落とし作戦よ。勇太を借りていくわよ」……

そんなシーンが撮影された場所は、さて、どこだ？ロケに関する資料がほとんどない中で、手がかりが2つあった。

1つは、岩国編でも記したように地元紙「防長新聞」（昭和54年終刊）のロケ当時の記事。同紙の縮刷版をチェックして、昭和32年9月18日分に〈「集金旅行」、山口でロケ〉という見出しの記事を見つけた。

見物客が押しかけて山口署員、消防団員など30人が整理にあたったなどという記事の中に、ロケ場所として、亀山公園、県庁前、山口駅、早《はや》間田《まだ》、後河原《うしろがわら》などの地名が記されている。亀山公園、県庁前、山口駅でのロケシーンはVHSの映像ですぐに確認できる。と、なれば前述のシーンは、早間田か後河原で撮影されたことになる。

2つ目の手がかりは、電話を終えて千代が良平のもとへ駆け寄るシーンのバックに映っている建物の壁面の文字。写真では、はっきりとはわからないが、何とか〈山口県観光公社〉と読み取れる。この名称から辿っていくと地元山口の（株）大隅タクシーが、旅行部門として、昭和31年、短期間だが（株）山口県観光公社を設立していたことがわかった。

この2つの手がかりとVHSから抜き撮りした写真を持って山口県庁の観光振興課を訪ね、主任の河野雅之さん、主査の村田由貴子さんに「ここは？」と訊ねてみる。「う〜ん？」……。市内地図を見ながら出てきた答えは「よくわかりませんが、確か、一の坂川に架かる早間田の橋の近くに大隅タクシーの営業所があったよう

開業100周年の看板が掲げられている山口駅

な……」。

## ロケ場所は一の坂川に架かる「千歳橋」

いったん駅に引き返し、地図を片手に、千代も歩いていったと思われる駅前からの道を通って早間田の橋をめざす。

駅前のロータリーから市役所、県庁方面に向かって真っ直ぐに伸びている道を進む。駅前から続いていたいちょう並木がいつの間にかケヤキに変わっている。アーケード商店街を横切り、ケヤキの街路樹が緑のトンネルを作っているその先に、一の坂川に架かる橋が見えてくる。観光振興課で教えられた場所はこの辺りだが、タクシーの営業所は見当たらない。が、橋の袂にある空き地の前に〈大隅タクシーに御用の方は……〉の看板が立てられている。そうか、営業所は移転したんだ、と思いつつ橋を見に行く。きれいに整備された川の護岸とは不似合いな歴史を感じさせる古びたコンクリート製の欄干が目にとまる。

写真を取り出し見比べてみる。良平と勇太が腰掛けていたあの欄干に違いない。周囲はすっかり様変わりし、道路も拡張されたのか、歩道の横にはかわいい広場が造られており、ユニークなモニュメントも立っている。2人と同じように欄干に腰掛けて左右に目をやっていると、広場を取り囲むように植樹された木々の陰に「千歳橋」と読める標柱を見つけた。そうか、あのシーンは「千歳橋」で撮影されたのか……。

歴史を感じさせる欄干が残っている
千歳橋

千歳橋の橋詰に（株）大隅タクシーが設立した（株）山口県観光公社があったことは、この後、訪ねた大隅タクシーの運輸部長で渉外担当の田中輝昭さんにも確認し、昭和33年発行の「山口市地典」（山口県立山口図書館所蔵、都市地典出版社刊）でも確認した。地典を見ると「千歳橋」周辺の商店や民家は全くといいほど変わってしまっている。地典と今が重なり合うのは、〈観光公社〉（地典では観光案内所となっている）の川向こうの角にある「食堂 たぬき」だけだった。

## 泣き落とし作戦～その1～は亀山公園で

慰謝料を取り立てるため、山口県観光公社の入口横に設置されていた公衆電話から藤沢庫吉に連絡を入れた千代は、〈千歳橋〉で待っていた良平に「さあ、今日は泣き落とし作戦よ」と声をかけ、幼い勇太の手を引いて出かけていく。

2本の尖塔が美しい教会を捉えたカメラがパンすると、向こうから庫吉、歌子（沢村貞子）夫婦と娘2人が歩いてくる。待ち受けていた千代、庫吉に「しばらくでございます」。びっくりして思わず後退りする庫吉。「千代さんじゃないか」。しどろもどろになりながら妻の歌子に、この方は東京でお世話（？）になった方じゃ、と説明する庫吉……

こんなシーンが撮影されたのが山口市の亀山公園。街の中央にある小高い丘の上にある公園である。〈千歳橋〉を通って県道204号を渡り、少し左にカーブしながら県庁方向に伸びている通称パークロードを歩いていく。日本道路百選にも選ばれているこの道は、ケヤキなどの街路樹がびっしりと植えられ、広い歩道は緑のトンネルになっている。全長約８００メートルのパークロードの中間あたり、左手にこんもりとした緑の小山が見えてくる。麓から石段を上っていくと広場にでる。亀山公園だ。

公園の様相はロケ当時とすっかり変わっていた。樹々の間からはっきりと見えていた稜線は、大きく成長した樹木に隠れてほとんど見ることができない。土の地肌が目立っていた広場もきれいに整備されている。そんな公園内を歩きながら千代が庫吉を待ち受けた場所を探してみる。手がかりは、２人のバックに映っていたサビエル記念聖堂の２本の尖塔。

記念聖堂は、キリスト教宣教師フランシスコ・サビエルが〝山口を訪れて４００年〟を記念して、昭和27年、公園南の丘の中腹に建てられた。しかし、平成３年に焼失し、今、探している聖堂は、平成10年に同じ場所に再建されたものである。

千代が庫吉を迎え撃った（？）場所

樹々のすき間から新サビエル記念聖堂の２本の塔が

尖塔を探す。やっとのことで樹木のすき間に見え隠れする２本の塔を見つけた。それは尖塔ではなく塔になっていた。新しい聖堂は、初代の面影をほとんど残すことなく斬新なデザインのものに生まれ変わっている。フィルムに残されている伝統的な建築様式の中にモダンさも感じさせた初代の方が、私には、サビエル記念聖堂にふさわしいのではと思えた。

バックに映っていた2本の尖塔、広場に根を張っている松の木の姿かたちなどから撮影場所を特定し、そこにある松の切り株に腰を下ろして一休みする。

目をあげると庫吉ら家族4人が歩いてきたその後方に、ロケ当時にはなかった長州藩第13代藩主毛利敬親公の像（昭和55年建立）があり記念聖堂の方を見つめている。

## 泣き落とし作戦〜その2〜は瑠璃光寺五重塔で

待ち伏せを食らった庫吉は、妻の歌子を言いくるめ先に家に帰らせると、千代と勇太を別の場所に案内する。

五重塔の前の水田は公園に

カメラ、五重塔からパンすると田んぼと畑に囲まれた小道を千代と庫吉が話しながら歩いてくる。２人の後ろには勇太。

「わしもあんたのことが心配で、店を訪ねたんだが辞めたあとだった」

「仕方ないわ。お腹に子供がいたものですから」

「え！わしの子が？」

「今日は、一目だけでも勇太をパパに会わせたいと」……

慰謝料取り立てのため嘘八百をならべて庫吉に迫る千代。そんなシーンが撮影されたのが山口市香山町にある国宝の瑠璃光寺五重塔前。亀山公園から県庁前を通って歩いていけば15分ほどの距離だ。毛利元就の菩提寺である洞春寺を横目に見ながらゆるやかな坂道を上っていくと左手前方に五重塔が見えてくる。

瑠璃光寺五重塔は、足利義満と泉州堺で戦って敗れた大内義弘の菩提を弔うため嘉吉２年（１４４２）に建てられたもので室町期を代表する建造物。その美しく優美なシルエットは、西の京・山口のシンボルといえるものである。

五重塔の前、３人が歩いていた道は、まだ刈り取りには少し早い稲穂が揺れる水田と野菜が植えられていた畑に取り囲まれていた。が、今はどうだ。田んぼと畑はなくなり、きちんと手入れされた公園に変身している。公園の北側にある瑠璃光寺資料館で聞いてみた。「そうだよ。ロケが行われた昭和32年の頃は田んぼの傍らに五重塔があったんだ。ところが、昭和38年に山口国体が開催され、天皇・皇后両陛下もお見えになるということで、五重塔周辺が整備され公園になったんだ」。

それを裏付ける写真が資料館に展示されていた。〈昭和33年頃の五重塔周辺〉と題された県民寄贈の２点のモノクロ写真には、塔の前に一面に広がる水田と刈り取りの終わった田んぼで作業をしている農婦の姿が写っている。写真を見ていると岡山県北の田舎で育ち、田んぼ道を走り回って遊んでいた頃が脳裏に浮かんでくる。カラーで撮られた「集金旅行」の五重塔前のシーンでは思い出すこともなかった少年時代のあの頃が。初代の聖堂に、モノクロ写真に、思いを寄せる……。齢を重ねると……。

## ロケ当時のままの姿で残っている貴婦人（?）

藤沢庫吉から慰謝料を取り立てようと、泣き落とし作戦を敢行した千代。しかし、最後に乗り込んだ藤沢邸で、連れていった勇太がボロをだし、ほうほうの体で逃げ出し、山口県庁前で待っていた良平のもとへ……。

県庁前では次のようなシーンが撮影された。


〈県庁前〉と書かれたバス停のベンチに座って新聞を読んでいる良平。そこへ勇太の手を引いて千代が駆け寄ってくる。

「お待ちどうさま。でも、坊やがぶち壊しちゃって大失敗。やっと逃げてきたのよ」

「俺の集金もダメだったよ」

「どうして」

「相手が北海道に転勤してたんだ。世の中、甘くないね」……

〈県庁前〉のバス停があった場所

瑠璃光寺五重塔前のロケ地から引き返し、〈県庁前〉のバス停があった場所にいってみる。良平が待っていたバス停は無くなっていたが、彼の背後に映っていた洋風の建物は、今も当時の姿のままで残っており、中央屋根に聳える尖塔が今日も青空に向かって真っすぐに伸びている。
実は、この建物があるあたりは、幕末の激動期に、山口藩庁があったところ。元治元年（１８６４）、藩主毛利敬親は、政務を執る場所を萩からこの地に移転させ藩庁とした。その後、明治になり廃藩置県後は、ここにそのまま山口県庁が置かれたという。
良平が座っていたベンチの後ろには藩庁時代の堀がそのまま残っている。その堀に架かる小さな石橋を渡って県庁の敷地に入ってみる。フィルムに映っていた入口両側の松の木は、成長して大きくなっている。右手奥にあの尖塔を乗せた建物が見えるが、それは県庁ではない。ロケ当時の姿そのままのこの建物は山口県会議事堂で、現在は、山口県旧県会議事堂と名前を変えている。そして左手には当時の山口県庁舎（現在は、旧県庁舎）が。

この2つの建物は、大正5年（1916）に竣工した煉瓦造りの洋風建築で、後期ルネッサンス様式を基調にしながら日本など東洋風のデザインも取り入れた大正時代を代表する建造物である。どちらも昭和59年に国の重要文化財に指定されている。

昭和32年のロケを見守っていた〈県会議事堂〉と〈県庁舎〉はそれぞれ昭和50年、59年に現役を引退し、その左手奥に新しく建設された県議会棟と県庁舎に役目を引き継ぎ、現在は県政資料館として第2の人生を送っている。

眩いばかりの陽の光を浴び、緑に覆われた古城岳や鴻ノ峰をバックに従えて静かに佇んでいる貴婦人のようなその建物を見ていると何とも幸せな気分になってくる。いつまでもここにいたいと思わせる気持ちのいい場所だ。

2人の貴婦人をゆっくり眺めながら新しい県庁舎の前を通り、旧藩庁表門をくぐってバス停のあった場所に戻る。切妻造り、本瓦葺きのこの門は、藩庁築造時の姿を今に伝える貴重な建造物である。あの激動の時代、高杉晋作、木戸孝允ら幕末の志士もこの門を通っていたのだと思うとより一層感慨深いものがある。

## ホタルが舞う〈一の坂川〉沿いでも……

〈県庁前〉を後にして、近くを流れる〈一の坂川〉に沿って歩き、山口駅に向かうことにする。9号線を東に歩いていくとすぐに〈一の坂川〉に突き当る。中世、大内氏の時代から歴史の興亡を見つめてきたこの川は、春

一の坂川でカワニナを探している小学生

は桜、夏は源氏ボタルの名所として全国に知られている。
伊勢橋のあたりから下流に向かって歩いていく。両側は、閑静な住宅街。河岸には、今は緑の葉を着けた桜の木、川床にはところどころに彼岸花が咲いている。伊勢橋から数えて6番目の鴻東橋のあたりで川に入って何やら探している子供たちを見つけた。引率の先生に聞くと、子供たちは近くの大殿小学校の4年生でカワニナを採集しているとのこと。カワニナは〈山口ふるさと伝承総合センター〉に持ち込み、そこで飼育されているホタルの幼虫の餌にされるそうだ。10月には大きくなった幼虫が〈一の坂川〉に放流される。清流に逆らいバシャバシャと音をたてながら、一生懸命カワニナを探している子供たちのにぎやかな声が静かな住宅街にこだましている。昭和10年、国の天然記念物に指定された源氏ボタルを大切に守り育てる活動が今も地道に続いている。
実は、この〈一の坂川〉に沿った住宅街の一角に、藤沢庫吉の自宅として撮影された場所がある。この家については、取材の過程で知り合った山口市議会議員の原ひろ子さんから、川沿いにあるMさん邸がそうではないか、と連絡があり訪ねてみたが、ご当主が留守で確認できなかった。機会があれば再度訪ねてみたいと思っている。

（取材日／平成25年5月16日、17日、9月20日）

## 萩編

山口市で貸付金と慰謝料の取り立てに失敗した良平と千代は、勇太を連れてバスに乗り、次の集金地・萩市に向かう。私も新山口駅からレンタカーで秋吉台を経由し萩市に入る。

山口県立図書館に保存されている地元紙「防長新聞」の昭和32年の縮刷版でチェックした記事によると、映画の全138シーンのうち31シーンが萩でのシークエンスだという。大照院、橋本橋、萩駅、口羽邸周辺、萩税務署など撮影場所も記事の中に見え隠れしている。

途中、〈道の駅「萩往還」〉に立ち寄って〈城下町「萩」散策図〉を手に入れ、まず訪ねたのが、萩市役所商工観光部観光課。観光振興係の神崎紘充さんに、「防長新聞」のロケ記事にある撮影場所とVHSから抜き撮りした写真を提示し、散策図にロケ場所を表す○印をつけていただく。

### ボンネットバス、指月橋を渡る

散策図に○印が書き込まれたロケ場所をストーリーに合わせて訪ねることにする。

良平ら3人を乗せた萩行きのボンネットバスが田舎道を走っている。車体には〈防長バス〉の文字。クリーム色とブルーのツートン

維新の志士たちの銅像がある〈道の駅「萩往還」〉

カラーが鮮やかなバス、土煙をたてながら橋にさしかかる。橋の向こうには、緩やかな稜線を左右に広げた三角形の小山が佇んでいる。

神崎さんも一目でわかったこの橋は〈指月橋〉。その向こうに見える山は標高143メートルの指月山で、かつてその麓に、慶長9年（1604）毛利輝元が築城した萩城があった。現在は、見事な石垣と内堀、天守閣跡が往時を偲ばせる萩城跡・指月公園となっている。

〈指月橋〉は、萩城跡の横を流れる疎水に架けられた小さな橋だが、ボンネットバスが渡っていたロケ当時の橋は今はなく、昭和56年に架け替えられたコンクリート製の新しい橋になっている。橋の周囲には何もなくまさに鄙の風景そのものだったその場所は、すっかり様変わりしている。近くには、萩城跡を訪れる人のために整備された駐車場が、萩の武家屋敷群など萩八景を川面から楽しめる遊覧船の船着場が設けられ、多くの観光客で賑わっている。変わらないのは指月山の佇まいだけだ。

指月橋。バックは指月山

## ボンネットバス、常夜燈の横を走り抜ける

〈指月橋〉を渡ったボンネットバスは、松林と常夜燈の間を抜けて右折し、大通りに出て走り続ける。

常夜燈とその後ろに映っている建物を見て神崎さんがロケ場所として○印をつけたのは〈金谷神社〉。新聞記事には出ていない場所だ。

常夜燈と消防器庫。奥のほうからバスが走ってきた

ＪＲ萩駅前から県道64号を北上し、椿町交差点を通り過ぎてすぐ右手にその神社がある。境内の空き地に車を止め、常夜燈を見に行く。フィルムに残されているそのままの姿で常夜燈が立っている。後ろに回り込んで何時の時代のものかを調べてみたがわからなかった。

常夜燈のバックに映っていた建物は、萩市消防団椿分団消防器庫で、姿かたちはロケ当時とほとんど変わりはないが、ホワイトのシャッターが鮮やかな新しい消防器庫に生まれ変わっている。

消防器庫と境内の松林の間に道路があり、さかんに車が行き来している。よく見ると道の奥は行き止まりになっており、突き当りに保育園がある。園児を送り迎えする車で混雑しているこの道を、ボンネットバスが保育園の方から走ってきたのだが……。このあたりの風景も一変してしまったようだ。

せっかくなので神社の境内を歩いてみる。資料によると、〈金谷神社〉は、享保5年（1720）、5代藩主毛利吉元がこの地に再興したもので、城下町・萩の表玄関ともいえる大木戸があった。番所には常時、番人がおかれ、日没後には城下に入ることはできなかったという。

鳥居の前には、〝諸方里程〟と彫られた石柱が立っており、〝周防宮市　十三里〟、〝讃岐金毘羅　七十八里〟、〝摂津大坂　百三十里〟などと読み取ることができる。境内にある64基の燈籠や仁王門、拝殿などが神社の歴史を伝えている。

神社の前を走っている県道64号は、かつて〈萩往還〉と呼ばれ、萩の城下町と瀬戸内の三田尻（防府市）を結ぶ参勤交代道として開かれた道で、維新の志士たちも往来した歴史街道である。

城下町萩への入口にあたるこの道を、３人を乗せたボンネットバスが土ぼこりをたてて北に向かって走っていった。この後3人は橋本川に架かる橋本橋の北詰で降り、ホテルに入ることになる。

## 3人が泊まった〈ホテル萩〉

良平、千代、勇太の3人が乗ったボンネットバスは、指月橋を渡って金谷神社の横を通り、かつて萩往還と呼ばれた歴史街道を市街地に向けて走っていく。

橋本川に架かる橋本橋を渡りその北詰にある停留所で降りた3人に、出迎えの男が話しかける。「千代さまじゃございませんか」「はい、そうですが」「山口の藤沢さま（市村俊幸）からお電話がございまして特別室を用意しております。ホテルへご案内いたします」。男に従って歩く3人。〈ホテル萩〉の看板が架かった建物が見えてくる。

3人が降り立った橋本橋の北詰

さて、そのホテルのあった場所だが……。「防長新聞」の記事を参考にすると、萩税務署のあたりではないかと思われるのだが、萩市観光振興係の神崎さんもこの場所については頭を傾げて?……。「ちょっとお待ちください。電話で聞いてみます」と席を立った神崎さん。しばらくして帰ってきて、「萩博物館に行きましょう!」。そこでお会いしたのが主幹・統括学芸員（生活文化担当）の清水満幸さん。何と、彼が手にしていたのは「集金旅行」のロケ風景を写したモノクロ写真8点のコピー。監督と主演の2人の後ろにエキストラの皆さんが勢ぞろいしている記念写真、大勢のファンに取り囲まれて宿舎を出る岡田さんなどの中に〈ホテル萩〉に入る3

〈ホテル萩〉のあった場所は駐車場に……

萩博物館所蔵のロケ写真

人の後ろ姿を捉えた写真も含まれている。多分、近くの家の2階から撮ったものだろう。清水さんによると、この写真は、昭和32年のロケ当時、地元で写真館を経営していた角川政治さんが撮影したもので、後に博物館に寄贈されたものだそうだ。

清水さんからは、ロケ写真のほかに昭和30年代の萩の市街地の航空写真も見せていただき、〈ホテル萩〉として撮影された2階建ての建物と場所が特定できた。確かに萩税務署のすぐ近くである。ただ実際にその地にホテルがあったわけではなく、あくまで撮影用にホテルの看板をその建物に取り付けただけのようだ。

その場所は、映画とは違って橋本橋から歩いてすぐという距離ではなく、車でまずは税務署をめざす。署の駐車場に車を入れ、〈ホテル萩〉の看板が掛けられた建物があったと思われる四つ角まで歩く。もちろんそこにはホテルはなく2階建ての建物もなかった。あったのは駐車場になっている空き地。道を挟んで向こう側の角地に映っていた瓦屋根の店も見当たらない。土ぼこりが舞うような道を自転車が我が物顔で通り過ぎていた十字路の風景はすっかり様変わりしている。

瓦屋根の店があったと思われる場所にある「お好み焼レストラン 福田屋」を訪ね、福田さんにロケ写真を見ていただく。「ああ、この瓦屋根の店ね。うちですよ。以前は、うどんと定食の店をやっていたんです。家を建て替えて今の店をやる前のことですが。〈集金旅行〉?生まれる前の話だよね。駐車場の所に建っていた2階建ての建物?うーん、おばあちゃんにでも聞かないとわかんないね」。

## 〈萩往還〉の起点・唐樋札場跡

お店の邪魔になってもいけないので早々に退散し通りに出る。萩駅から橋本橋を渡り〈ホテル萩〉の跡地の前を通って南北に真っ直ぐに伸びているこの通りは、前述のようにかつて〈萩往還〉と呼ばれていた歴史街道である。瀬戸内の三田尻(防府市)まで続く街道の起点は、ここからほんの少し北にある唐《から》樋《ひ》札場《ふだば》跡である。足を伸ばしてみる。

通りの左手に整備された広場がある。江戸期、この場所に幕府や藩からの御触れを記した高札が掲示されていた。〝キリシタン禁令〟、〝異国船の抜荷禁止〟などの高札が掲示されていたことが文献記録にも残されているそうだ。

この場所は平成21年、発掘調査が行われ、現在、往時の姿を復原した高札が広場の中に建てられている。また、ここから西に向かって〈旧御成道《おなりみち》〉が萩城跡まで走っており〈萩往還〉と合わせて参勤交代道として整備されたという。もちろん、この道は庶民にとっても山陰と山陽を結ぶ重要な交易道であり、また幕末の動乱期には維新の志士たちが駆け抜けた道でもある。

復原された高札場

博物館に所蔵されている56年前のロケ写真と当時の航空写真、ガイドブックに掲載されている江戸期の城下町・萩の古地図をちらちらと眺めながら町並みに目をやり歴史ロマンあふれる〈萩往還〉と〈御成道〉をゆっくりと散策した。

## ロケ場所は3本桜のあるところ

良平、千代、勇太の3人は、藤沢が手配してくれた〈ホテル萩〉に宿泊し、早速、翌日から集金に出かけるのだが……。

良平と千代が乗ったタクシー、薄茶色の土塀が連なる町並みをゆっくりと走ってくる。碁盤の目のように作られた通りの角を曲がって、めざす集金先の家の前で止まる。門前に3本の桜の木が立っている。

こんなシーンが撮影された場所はどこ？ＶＨＳから抜き撮りした写真を見た萩市商工観光部の神崎さんは、タクシーの横に映っている3本の桜を指さして「ああ、口羽家《くちばけ》住宅の近くですね」。

〈城下町萩を歩く〉に掲載されているマップを手にその場所をめざす。指月橋を渡り、毛利輝元の廟所・天樹院の手前を右に折れ、まっすぐ南に向かって歩いていく。400～500メートル進んだところで、通りのやや端よりに3本並んで立っている桜の木が目に入ってくる。

このあたりは、毛利の城下町・萩の三の丸のあった堀内地区で、藩の役所があり大身の武士が住んでいたところである。今も当時の武家屋敷の地割がそのまま残されており、長屋門や土塀が連なる伝統的建造物群

良平と千代はこの３本桜のところで……

保存地区になっている。

集金先として想定された場所の反対側には、Kさんという表札がかかった家がある。3本桜のすぐ目の前だ。タクシーから降りた良平と千代の背後に映っていたその家の塀は土がむきだしの土塀だったが、今、私が目にしている塀は鮮やかな白壁に変身し、晩秋の穏やかな陽を浴びて柔らかな桜の影を映し出している。

2人が乗ったタクシーが通ったと思われる道もこの辺りに違いない。Kさんの家の周りも碁盤目状にきちんと区画されている。少し歩いてみる。タクシーの両側に連なっていた薄茶色の土塀や今にも崩れ落ちそうだった塀の瓦は、Kさんの家と同じようにきれいに整備され、白壁の塀やなまこ壁の家々が軒を連ねている。旧児玉家長屋門、旧二宮家長屋門などの案内表示の掲げられた武家屋敷もある。フィルムに残されている町並みも、今、私が歩いている町並みも、歴史のロマンにゆったりと体を沈みこませてくれる素晴らしい空間だ。

萩は神崎さんの名刺にも書かれているように〈江戸時代の地図がそのまま使えるまち〉なのである。

## 口羽家住宅の庭から常盤島を眺める

神崎さんに教えていただいた口羽家住宅は、すぐ近くにある。訪ねてみる。

長屋門の入口にある案内によると、口羽家は萩藩の家老に次ぐ重臣の家柄で、国の重要文化財に指定されているこの住宅は、18世紀後半から19世紀初めに建てられたものだそうだ。萩に現存するものでは最大といわれる長屋門をくぐり抜け、東面が切妻造り、西面が入母屋造り桟瓦葺《さんがわらぶき》

口羽家の長屋門

口羽家の敷地から見た常盤島

で、東面に入母屋造りの突出部が設けてある母屋と庭をゆっくりと見てまわる。時おり、庭の向こうにゆったりと流れている橋本川からかすかに川風が流れてくる。頬を撫でるようなやわらかな風が心地いい。

庭から川岸に出てみる。川面を覆うように伸びている栴檀の実が風に吹かれて揺れている。雲の合間にのぞいている青空と小さくて淡い黄色の実が目に優しい。

右手に目をやると流れの中にぽっかりと小島が浮かんでいる。常盤島だ。その向こうには常盤橋。そうだ、ここだ。「集金旅行」のフィルムにも残されているその風景が、今、私が構えているカメラのフレームにそのままの姿で写し出されている。ここだけはロケ当時の時間がそのまま立ち止まっているようだ。

川岸から離れ、長屋門まで戻る。表に出て改めて門を眺める。なまこ壁が通りに映えて美しい。来た道を引き返す。軒を連ねる武家屋敷の白壁や石垣の上から枝をたわわに撓らせて夏みかんが顔をのぞかせている。萩の夏みかんの栽培は、明治維新で失業した武士の救済事業のひとつとして明治9年に始められたという。黄色いみかんが堀内地区にもうひとつの風情を付け加えている。またぜひ来てみたいと思わせる素敵なエリアだ。

さて、タクシーから降り立った2人は集金先に案内されるのだが……。

## 大照院の墓地を通って集金先へ……

口羽家住宅の近くにある3本桜の前でタクシーを降りた良平と千代は、3人の男に迎えられ集金先へ案内される。

たくさんの灯籠が立ち並んでいる。そこへ迎えの男に案内されて良平と千代がやってくる。「ここは、毛利家歴代の藩主のお墓のあるところで、灯籠は家臣から献納されたものです」と、案内の男。「集金先と毛利家？何の関係があるんだ」と、良平……

灯籠が立ち並ぶ大照院の墓地

こんなシーンが撮影されたのは、萩市大字椿にある大照院。明暦2年（1656）建立の臨済宗南禅寺派の寺である。その後、火災で焼失したが、寛延3年（1750）に再建され、現在に至っている。

口羽家の敷地から見えた常盤橋を渡ってJR山陰本線の玉江駅にでる。そこから萩駅方面に向かって1.5キロほど走り、案内の看板に従って右に曲がると大照院の鐘楼門が見えてくる。駐車場に車を停め、門の左手に伸びている道を歩き、寺の奥にある墓地をめざす。小さな門をくぐると、びっしりと立ち並ぶ灯籠が目に飛び込んでくる。良平と千代も見たあの灯籠群だ。

隊列を組んで整列しているような灯籠達の奥に毛利家藩主の墓がある。ここには、初代藩主秀就から12代斉広まで偶数代の7人の藩主（隣に正室の墓も）が眠っている。ちなみに3代から11代の藩主の墓は、萩市椿東の東光寺にある。

灯籠の合間を縫うようにして歩いていき藩主の墓前に詣でる。右から10代、2代、6代、4代、8代と5代に亘る藩主の墓が横一列に並んでいる。が、初代と12代の墓が見当たらない。墓地の掃除をしていた人に聞いてみる。「初代は、ここから少し離れた右手に、12代は左手に眠っておられます」。

良平と千代がいた辺りに戻り、そこから右手、鬱蒼とした樹々の間に伸びている緩やかな石段を歩いていくと初代の墓が見えてくる。ここでもボランティアの方だろうか、苔むした石段を覆うように吹き寄せられた落ち葉とドングリを箒で一ヵ所に集めている。曇天の中、大樹に囲まれた墓地は薄暗く何となく心を滅入らせるのだが、軽やかな箒の音がそんな気持ちを和らげてくれる。

良平と千代が目にした603基の灯籠が、今も変わらず静かに歴代の藩主の眠りを見守っている。墓地の上空に、少し晴れ間が見えてきた。裏山にある色づきはじめたモミジの葉がほんのりと光っている。

## 集金に失敗、葬儀会場から逃げ出す2人

案内の男に導かれるまま葬儀が行われている寺の本堂にやって来た2人は、会葬者席に座る。読経が流れる中、2人は、隣に座っている夫婦に小声で訊ねる。

「あのう、どなたがお亡くなりに？」

「はい、旦那様ですが」

「え！というと集金相手のあの人が！」

良平、がっくりしながら4万円の借用証と千円の香典を墓前に供える……

墓地から引き返し、葬儀シーンが撮影された本堂を、と思ったが、残念ながら大照院の本堂と経蔵は修理中

で見学することができなかった。

　本堂には入れなかったが、前述のように、ロケ当時、地元で写真館を営んでいた角川さんが撮影した写真（「萩博物館」所蔵）があり、大照院でのロケの模様をうかがい知ることができる。

　大照院の山号〈霊椿山《れいちんざん》〉の扁額があがった本堂の前。中村監督と佐田啓二、岡田茉莉子が最前列に座り、その後ろに喪服に身を固めた大勢のエキストラが写っている。記念写真だろうが、エキストラの皆さんの表情は一様に硬い。ロケの緊張感がその表情から伝わってくる。

　余談だが、当時の萩の前市長もエキストラ出演しており、本堂前の記念写真でも佐田啓二の後ろにその顔が見える。萩博物館でも確認したので間違いない。

2人が出てきた大照院の鐘楼門

萩博物館所蔵のロケ写真

　ほうほうの体で葬儀会場を逃げ出した2人は、大照院の鐘楼門から出てくる。

「驚いた。君、泣いていたね」

「お経を聞いていると本物の涙が出てきちゃった」

「集金に失敗したというのに……」

鐘楼門も本堂や経蔵と同じ国指定の重要文化財で、1階正面中央に軒唐破風の屋根が設けられた2階建ての門である。屋根瓦は葺き替えられているが、その優美な門構えに変わりはない。変わっているのは、門に至る参道がきれいに整備されていることと、ロケの時には門の入口に張られていた毛利家の家紋入りの幕が、今日は見られないことだけである。

## デートの場所は萩城跡の石垣の上

訳のわからないまま大照院で行われている告別式に参列した良平と千代は、亡くなったのが集金先の男と知ってほうほうの体で葬儀会場を逃げ出す。

集金に失敗した腹いせもあり、夜の街に繰り出して大騒ぎする良平……。

翌朝、二日酔いの寝ぼけ眼で目覚めた彼を待っていたのはキャバレーの女・愛ちゃん（瞳　麗子）。

「昨日の夜、デートの約束したでしょ」
「そんな約束したかなあ。何しろ酔っぱらっていたから」
「いいの、私が案内したげる。お弁当も作ってきたのよ」

と、愛ちゃんが良平を連れていったデートの場所は〈萩城跡〉。

慶長9年（1604）、毛利輝元が、標高143メートルの指月山山麓

良平と愛ちゃん、デートの場所。左前方に天守閣跡が

に築城した萩城は、明治7年（1874）に建物部分が解体されたが、壮大な石垣と内堀の一部、そして天守閣跡が残っており往時の姿を偲ばせている。

本書36ページでも紹介した〈指月橋〉の近くにある駐車場に車を停め、二の丸南門から萩焼資料館の前を通り内堀を渡って本丸門まで歩いていく。門を入ってすぐ左手に、L字型の石垣がある。石垣の根元には、つわぶきが群生し、濃い緑の葉っぱの間からまっすぐに花茎を伸ばし、びっしりと黄色い花をつけている。

つわぶきの群生が途切れたあたりに石垣の上に繋がる石段がある。上ってみる。石垣の上は思ったより広い。ここで次のようなシーンが撮影されている。

「これが萩城跡。夜になると美しい荒城の月が出るのよ」

と、ささやきながら良平の肩にもたれかかる愛ちゃん……

石段の上は、風が強い。内堀の水面にはさざなみが立ち、こちらに向かって勢いよく進んでくる。指月山の山頂も厚い雲に覆われている。風が一段と強くなった。少なくとも今日は、デート日和ではないようだ。

## 萩駅を出発、舞台は松江市へ

一方、千代は、山口の藤沢庫吉から慰謝料10万円を預かってきた萩の婦人科医・箕屋官次（トニー谷）につかまって、断りきれないまま秋吉台や松下村塾の観光に付き合っていた。

付きまとう愛ちゃんと婦人科医から逃げ出すため2人はタクシーに乗って萩駅に向かうのだが……。

駅前で待ち受けている官次。

「千代さん、松江に行かれるんですよね。切符、買っておきました。さあどうぞ」と、千代の荷物を手に駅の待合室に入っていく。

「ねえ、良平さん、お願いだから一緒に行って」

「いやだね。僕は、松江に用事はない。僕の集金に出かけるよ」

それを聞いて千代、突然、良平のカバンをもぎ取って駅の改札口へ。

「おい、待ってくれ」と、勇太を抱いて後を追う良平……。

こんなシーンが撮影された萩駅へ行ってみる。

大照院から県道64号を東へ1キロほど走れば右手に萩駅が見えてくる。昭和32年のロケ当時の駅は、今は、登録有形文化財〈旧萩駅舎〉と名前を変え、〈萩市自然と歴史の展示館〉になっている。現在のJR山陰本線・萩駅は旧駅舎の左端に居心地が悪そうに端座している。

展示館の中に入ると、大正14年（1925）4月開業当時の駅舎の写真が飾られている。説明によると、屋

ロケ当時の萩駅

現在の旧萩駅舎。入口右手に自働電話ボックスが

根や窓、壁に洋風のデザインや構造が施され、大正時代末期の建築様式をいまに伝える建物として重要資料であると、記されている。

その後、駅舎は何度か改修されたが、平成10年、JR西日本より市への譲渡を機に、外観を建築当初の姿に近づけるよう改築され、展示館として開館したという。ちなみにその時、当初、設置されていた〈自働電話〉ボックスも復元され、六角形の屋根を持った白塗りの小粋な姿を、今も入口右手で目にすることができる。

良平に千代、勇太、官次がタクシーを乗りつけた萩の駅前広場は、きれいに整備され当時の面影はない。が、4人がそれぞれの想いを抱えて入っていった萩の駅舎は、名前は変わったもののロケ当時とほとんど変わらず、その優美な姿を今に留めている。

（取材日／平成25年5月16日、11月20日、21日）

# 松江編

## 4人が泊まった松江の宿は〈皆美館〉

萩の婦人科医・箕屋官次に付きまとわれて困り果てた良平と千代は、彼から逃げ出そうと勇太を連れてタクシーで萩駅に向かったが、そこには先回りして待っていた官次の姿が……。

松江行きの列車に乗っている4人。何度も何度もトンネルをくぐり、日本海の荒波を左手に見ながら走る列車……。官次、上機嫌で「もうすぐ松江ですよ」と千代に話しかける。無視して横を向いている千代。松江の宿に入り、浴衣姿の官次が「ええ眺めじゃなあ。右が宍道湖、左に架かる橋が三条の大橋、いや、違いました、松江大橋です」などと、千代に説明している。

さて、こんなシーンが撮影された松江の宿は?

島根県立図書館でマイクロフィルム化された地元紙「山陰新報」(現在の山陰中央新報)の昭和32年分をチェックする。8月16日の記事に、中村監督らスタッフが15日に来松し、〈皆美館〉など撮影場所を調査した、とある。

県立図書館には昭和34年当時の松江市住宅案内図もあり、それを見ると松江大橋の西、宍道湖沿いには旅館が軒を連ねている。〈皆美館〉の西隣には〈臨水亭〉〈赤木館〉〈岩田屋〉〈ときわ〉旅館などの名前が見える。

〈皆美館〉を訪ねてみる。

JR岡山駅西口発の高速バスで松江駅へ。駅前からバスに乗り、松江大橋南詰で降りる。橋の向こう、左手に見える和風のモダンな大きな建物が〈皆美館〉だ。橋を渡る。3月初旬、曇り空、宍道湖からの風が冷たい。肩をすくめて歩きながら右手に目をやると、しじみ漁の舟が4艘浮かんでおり、鋤簾《じょれん》と呼ばれるカゴを湖底から引き上げている。左手でも、1艘。その向こうには宍道湖大橋が見えている。

渡りきって大橋北詰のバス停の先を左に折れると〈皆美館〉の正面玄関が見えてくる。

ロケが行われ、スタッフも宿泊した皆美館

アポも取らずに訪ねているので若女将にはお会いできなかったが、宿泊マネージャーの船木陽子さんに話を聞くことができた。「ロケがあったことは聞いていますが、当時のことがわかる人は……。大女将がいらっしゃれば憶えておられると思いますが、今は、皆美グループの本部がある玉造温泉の〈佳翠苑皆美〉におられますので……」。

## 枯山水の名庭を通って脱出する3人

庭を見せていただく。そこでは次のようなシーンが撮影されている。


「おい！あいつにいつまで付き合ってるつもりだ」

「だって、しつこいんだもの」

「俺は、まだ集金が残ってるんだ」

「じゃあ、逃げましょ！あいつが風呂に入っている間に」

2人は急いで荷物をまとめ、勇太を連れて庭を突っ切り宍道湖畔に作られた宿の船着場の階段を駆け下り、そこに着けられていた小舟に飛び乗る……


3人が逃げ出す時に通った宿の庭は、フィルムに残されている当時の雰囲気をそのまま残しながらきれいに手入れされている。120年の歴史を持ち、多くの文人墨客を魅了した〈皆美館〉の枯山水の庭である。

庭の目の前に広がる宍道湖の湖面を思わせるような白砂の水紋が、庭石と松の緑と融け合い、目を楽しませてくれる。逃げ出す3人を見送るように立っていた灯籠は、今日も当時のままの姿でどっしりと構えている。

この庭を駆け抜けて３人が……

ここから小舟に乗って３人が……

結界石が置かれている石塀のすき間から宍道湖につながるコンクリートの階段が下に伸びている。このあたりもロケ当時のままだ。3人が駆け下りていった階段に腰掛けて、重い雲の間からやっと差し込んできた陽の光を全身に浴びながらしばらくの間、宍道湖の穏やかな風景を楽しんだ。

帰りのバスの時間まで余裕があったので玉造温泉まで足を伸ばし、大女将を訪ねた。

昭和26年、東京の渋谷から嫁いできたという皆美美智子さん。「ロケのことはもちろん憶えています。岡田さん、佐田さんのほかにトニー谷さんも来られましたね。が、何しろ米寿を迎えましたので、あやふやなことを申し上げてもいけませんので」と、差し出されたのが1冊の本。平成11年に皆美グループが刊行した〈客ノココロニ　ナリテ亭主セヨ　皆美百十年の記録〉である。〈映画「集金旅行」の舞台になった皆美館〉の記事と写真が、当時の〈皆美館〉の全景写真と共に掲載されている。本を手にロケのこと、亡くなったご主人のこと、〈皆美〉のことを懐かしそうに話す美智子さんは、まだまだ元気な大女将でした。

## 3人の乗った舟はゆっくりと堀川を……

良平、千代、勇太の3人は、〈皆美館〉の船着場から小舟に乗り、官次の手から逃げ出すことに成功する。橋の下を潜り抜け、あわあわとした航跡を引きずりながら石垣の右手をゆっくりと進む3人が乗った小舟……

こんなシーンが撮影されたのは松江城の堀川。慶長16年（1611）、築城の際、城を囲むように造られた内堀が当時の姿のままで残っており、今も満々と水を湛えている。この堀川をぐるっとめぐる遊覧船が人気を呼んでいるが、今日は、堀川沿いを歩きながら3人が乗った舟のルートを追いかけてみる。

松江に着いてすぐ島根県観光振興課の藤原弘貴さんを訪ね、VHSから抜き撮りした写真を見ていただき、堀川のこの辺りでは、というロケ場所を確認している。

スタートは、松江城大手前駐車場。松江開府の祖・堀尾吉晴公の銅像が立っている広場の横を通り、別名〈千鳥城〉とも呼ばれる城と堀川を左に見ながら惣門橋通りを北に向かって歩いていく。

ちなみに、松江城は、堀尾氏以降、京極氏、そして寛永15年（1638）

北惣門橋からみた堀川

宇賀橋に向かう堀川めぐりの遊覧船

入府した松平氏と藩主は変わったが、その間一度も戦火にあうことなく明治維新を迎えたという名城である。（注／平成27年国宝に指定）

堀端には歴史を刻みこんだような松並木が続いている。しばらく歩いていくと堀に架かる橋が見えてくる。北惣門橋だ。この橋は、かつて東側にあった家老屋敷と場内を結んでいた橋で、欄干の柱の頂部に取り付けられた擬宝珠《ぎぼし》がそんな歴史の重みを感じさせてくれる。

橋の上に立ち止まって、目の前に広がる景色と抜き撮り写真を見比べてみる。左手に見える城の石垣、家並みの向こうに見える稜線の形などから、３人が乗った小舟がこのあたりを進んでいたのは間違いない。

風が急に強くなり、少しずつ雨も落ちてきた。傘を差し、前かがみになって、藤原さんに教えていただいた宇賀橋をめざす。３人が乗った小舟が潜り抜けていったあの橋だ。

惣門橋通りが、城の北側を流れる堀川に突き当たったところに、その橋はあった。宇賀橋の東側にある北堀橋の上から、宇賀橋を眺める。ロケから10数年後の昭和48年3月架設と刻まれている宇賀橋だが、今、私の視界に納まっているこの風景はロケ当時とほとんど変わっていないように思える。雨と風がますます強くなってきた。

## 塩見縄手から舞台は瀬戸田へ

民家の軒下で雨宿りしていたが、あっという間に陽が差してきた。「またすぐに晴れますよ。このあたりの天気は、気まぐれですから」。一緒に雨宿りしていた地元の人だというおばさんが、話していた通りだ。

傘をたたみ、宇賀橋の北詰から城の北堀に沿って続く塩見縄手を西に向かって歩いていく。小泉八雲の旧居がある塩見縄手の終着点は、３人がそこで小舟を降り、次の目的地に向かう新たな出発点となったところだ。

さて、何とも不思議な塩見縄手という名称だが、城下町で縄のように長く伸びた道路を示す〈縄手〉に、寛永年間、このあたりに居を構えていた町奉行・塩見小兵衛の業績を称えてその名前の〈塩見〉をくっつけ、この通りを塩見縄手と呼ぶようになったという。

日本の道百選に選ばれているこの通りにも、惣門橋通りと同じように見事な松並木が続いている。かつては中級武士の屋敷が建ち並んでいたという通りの右側には、当時の面影を残す武家屋敷や老舗店などが軒を連ねている。城下町・松江、水郷・松江を代表する素敵な場所だ。雨の ち晴れの天候がその感をひときわ引き立たせてくれたのかもしれない。

3人が舟から降りた辺りはすっかり様変わりし、きれいに整備された塩見縄手公園になっている。公園のベンチのそばには、平成2年に建てられた小泉八雲の銅像もある。

通りを隔てて公園の向こうには、良平が「あそこに見えるのがラフカディオ・ハーンが住んでいたという家だよ」と、千代に説明していた小泉八雲の旧居がある。今日もたくさんの観光客が門の前で何やら大声で話し合っている。

塩見縄手公園。向こうが小泉八雲旧居

塩見縄手の堀端。

「官次の奴には悪いことしたかな」

「ずうずうしい男にはこれぐらいしなきゃダメなのよ。今頃は、しょげてるでしょ」

しかし、青菜に塩のはずの官次、〈皆美館〉の一室で芸者さんを相手に〈あら、えっさっさ〉と〈どじょうすくい〉を元気よく踊っている……

（取材日／平成26年3月5日、6日）

## 瀬戸田編

### 舞台は芸予諸島・生口島の瀬戸田に……

しつこく千代に付きまとう官次を置き去りにして松江から逃げ出した千代、良平、勇太の3人は、尾道の安宿に1泊し、定期船に乗って次の目的地である生口島の瀬戸田に向かう。瀬戸田は、借金2万円と部屋代を踏み倒した上、勇太の母親・浜子（小林トシ子）と駆け落ちした男・阿万克三（北原 隆）がいるところである。

瀬戸田の港に降り立った良平は、この地に住んでいる男のところに慰謝料の取り立てに行くという千代と別れて、克三の家を探しながら塩田の広がっている海辺にやってくる。

ここではないか、と民家をのぞき込み「こんにちは」と声をかけている良平に、塩田で作業していた男・阿万築水（西村 晃）が近づ

3人が降り立った瀬戸田港

いてくる。

「こら！何しとるんなら！盗人か？」

「とんでもない。阿万克三さんを訪ねてきたんです。東京から」

「克三なら、わしの弟じゃ」と、克三の家を指さす築水……

こんなシーンを皮切りに勇太をめぐっててんやわんやの大騒動が勃発するのだが、さて撮影された場所は？　ヒントは、塩田。

尾道市教育委員会文化振興課の西井亨さんを訪ね、生口島の塩田について教えを請い、その足で尾道市立中央図書館に行く。「瀬戸田町合併50周年記念誌 歴史海道瀬戸田を歩く」（瀬戸田町役場刊）、「瀬戸田町史」（瀬戸田町教育委員会刊）などによると――

生口島では、寛文10年（1670）に塩田が開発され、以後、明治、大正を経て昭和46年に姿を消すまで盛んに塩づくりが行われていた。文政8年（1825）の広島藩の記録によると、藩内の塩生産高80万俵のうち竹原浜20万俵に次ぐ17万俵が、生口浜で生産されていたという。塩田のあった場所は、南生口の御寺村、北生口の林村、高根島と記されている。

図書館では、地元紙「中国新聞」も閲覧し、ロケの行われた昭和32年の新聞から「集金旅行」に関する記事を探していると、7月30日の備後版に松竹の製作スタッフによるロケハンの記事を見つけた。その中に、〈港務所前〉〈向上寺山上〉などのロケ予定地と並んで〈瀬戸田塩業十四

水路の右手がかつての十四番浜

番浜の浜子小屋〉の名前があった。浜子とは塩田で働く労働者のことである。

## ロケの行われた〈十四番浜〉を探す

下調べを終え、尾道から生口島の瀬戸田に向かう。3人とは違って今日の私は〈しまなみ海道〉を車で。向島、因島を通り生口島北ICで降りて島の北海岸を走り瀬戸田へ。尾道市役所瀬戸田支所を訪ね、尾道市教育委員会の西井さんに紹介された〈しまおこし課〉の植原宗哉さんにお会いする。

ロケハンの記事に出てくる〈十四番浜〉と塩田の場所を示す古地図を見比べながら、植原さんがこのあたりではないかと瀬戸田の地図に丸印をつけたのは、かつて北生口の林村と記されていた林地区の一角である。

塩田跡に建つ瀬戸田福祉健康センター

生口島北ICを降りて走ってきた道を戻りながら、植原さんに教えていただいた2つの建物を探す。2、3度、行きつ戻りつしながらやっとのことで、瀬戸田福祉健康センターと瀬戸田診療所を見つけた。海に注ぐ水路を挟んで西に診療所、東に福祉健康センターがある。かつての塩田図によればこの水路の西が十三番浜、東が十四番浜にあたるという。

十四番浜で昭和32年9月の撮影時にもロケが行われていたとするならば、このあたりに違いない。車から降り、周辺を歩いてみる。植原さんによると、車で走ってきた道は、かつてあった塩田の海側の端に造られたそうだ。道の陸側にあったという塩田の跡地は再開発され、公共の施設や民家、レモンと甘夏柑の畑、太陽光発電の基地などに様変わりしている。克三の家という設定で撮影されたと思われる浜子小屋も、当然といえば当然だが見当たらない。

水路に架かる小さな橋の上から、海岸線に沿って伸びている歩道から、と少しずつ位置を変えながらゆっくりと歩き、良平ら登場人物の背後に映っていた島影に目を凝らす。左に高根島、右に佐木島、そしてその間にうっすらと見える本土の山並み……。フィルムに残されている島影、尾根、稜線がそのままの姿でおだやかな内海の向こうに横たわっている。このあたりで撮影されたことは間違いないようだ。

塩田の跡地をもう少し歩いてみることに。

## 塩田の島からレモンの島へ

借金の取り立てと勇太の将来を巡って繰り広げられたすったもんだの大騒動を、静かに見守っていた生口島瀬戸田の塩田は、撮影時から14年後の昭和46年にその姿を消した。ロケが行われたと思われるかつての林村〈十四番浜〉の塩田跡地も再開発され、当時の面影はない。

〈十四番浜〉があった塩田跡地を少し歩いてみる。この場所を探す目標となった瀬戸田福祉健康センターと南隣にある特別養護老人ホーム・楽生苑のほかには目立った建物はなく、跡地の大部分はレモンと甘夏柑の果樹園になっている。淡黄色の果実をびっしりとつけた枝が地面につくほど垂れ下がっている。レモンの低木に囲まれて作業をしていた人によると、今年は何年に一度という大雪で枝が折れ、果実が落ちて大変だったそうだ。レモンの出荷は5月中旬頃まで続くという。

落果していたレモンを1個手にして海岸沿いの道に戻り、高根島や佐木島を左に見ながらしばらく歩いていくと殿山川にさしかかる。多分、このあたりまでが〈十四番浜〉だったのだろう。小さな川に橋が架かっている。西沖田橋。欄干に目をやるとレモンのオブジェが仲良く2つ並んでいる。生口島は、塩田で栄えた島からレモンの島に様変わりしたようだ。そういえば、昨日宿泊した旅館のイチオシは〈レモン風呂〉。浴槽の半分を占領し、ゆらゆらと揺れながらやさしい香りを湯気と一緒に運んでくれる輪切りのレモンが、疲れを癒してくれたものだ。

## 勇太の行く末を案じた瀬戸田の海岸通り

借金の取り立てには成功したものの勇太を母・浜子に引き取ってもらうことに失敗した良平は、一旦、〈十四番浜〉を引きあげ、千代と勇太が待つ船着場に戻る。

良平が勇太に話しかける。

「坊主、お母ちゃんは、ここにはいなかった（と、嘘をつく）。おじちゃんと一緒に東京に帰ろう」

千代、憤慨して

「そんなむごい話ある。私、我慢できない。お母さんに会ってくる」……

こんなシーンが撮影されたのは

瀬戸田港から見た高根島と高根山

海岸通り沿いにある遊歩道

瀬戸田港の船着場。

塩田跡地から再び、瀬戸田の中心街に引き返し、平山郁夫美術館の横を通り抜け瀬戸田港に向かう。フィルムに残されている鄙びた島の港はそこにはなく、見事に整備された瀬戸田の港がそこにあった。「中国新聞」の昭和32年7月30日の備後版に「集金旅行」のスタッフによる瀬戸田でのロケハン記事が掲載されているが、その中に撮影場所の一つとして〈港務所前〉と記されている。良平ら3人の向こうに建っていたその港務所も建て替えられ、港の様相は一変している。尾道市役所瀬戸田支所しまおこし課の植原宗哉さんによると、現在の港務所は、ロケ当時を初代とすると3代目の事務所だそうだ。

整備された港の南隣には、かつては雁木の船着場もあったが埋め立てられ、今は〈みなとオアシス瀬戸田〉と名づけられたミニ公園になっている。と、これは、港の真正面にある「旅館つつ井」のご主人の話。

ただ、変わらないものも。それは、港と隣り合わせの高根島と島に聳える標高310メートルの高根山。山のなだらかな稜線は、ロケ当時も今も変わらない。

船着場から北に向かって伸びている北町海岸通りを歩いてみる。良平と千代が、勇太の幸せのため、母・浜子と一緒に暮せるよう話し合いながら歩いていたところである。海岸沿いの通りはきれいに舗装され、そこから一段下がった波打ち際には遊歩道も整備されている。瀬戸田は日本画家・平山郁夫の故郷である。しかも、彼の生家は、港のすぐ近く、この北町海岸通りにある。

ここらあたりを歩いていると、画伯の足跡を此処彼処に見ることができる。遊歩道の壁面には、〈美しい瀬戸

高根大橋から見た瀬戸田港と北町海岸通り

内海の自然と歴史と文化と人情に育つ　平成九年盛夏　平山郁夫〉のレリーフもあった。

目をあげると生口島と高根島を結ぶ高根大橋が飛び込んでくる。曲線と直線を組み合わせたユニークな幾何学模様と黄色が鮮やかな橋である。あの橋から瀬戸田の町を、港を、眺めてみたい。急いで船着場に引き返し、車で高根大橋へ。瀬戸田水道とその向こうに広がる瀬戸の海……。橋の上でウグイスの鳴き声を聞きながら眺めた瀬戸田の港景はまさに絶景だった。

## しおまち商店街を歩いて耕三寺に

千代の必死の説得により、母・浜子が勇太を引き取り一緒に暮らすことになる。浜辺で抱き合う母子の姿をじっと見つめながら勇太の手提げ籠にそっとお金を入れてやり、その場を立ち去る千代と良平……。

2人、立派な堂塔を見上げながら話している。

「こんな小さな島にすごいわねえ」

「住職が亡くなったお母さんのために建立したそうだよ」

近くにある大きな鳥かごの中から「おじさん、おばさん」とオウムが2人に声をかける。その声を聞きながら良平がつぶやく。

「忘れ物をしたような気持ちだなあ」

「そうね。なんか、私も子供が欲しくなっちゃった」

と、意味ありげに良平を見つめる千代……

こんなシーンが撮影されたのは瀬戸田にある〈耕三寺〉。瀬戸田港から商店街を歩いていけば600～700メートルの距離だ。

港のすぐ近くに商店街の入口がある。かつて、製塩業で栄えた豪商たちが寄進したという高さ4メートルもある石灯籠を横目に見ながら、〈耕三寺〉に向かって東に伸びる商店街に足を踏み入れる。

すぐ左に、瀬戸田町歴史民俗資料館。江戸末期、北前船で財を成した三原屋こと堀内家のもと塩倉で、現在は、瀬戸田の製塩の歴史資料などが展示されている。

が、開館は、土・日・祝日のみということで、残念ながら今日は入場できない。

右には住之江旅館。明治期、やはり豪商の別宅だっただけに落ち着いて風格のある建物である。ここでは、映画「転校生」（大林宣彦監督）のロケも行われたという。通りに足を踏み入れる一歩手前の入口に立っただけで、子供の頃にタイムスリップしたような懐かしさを感じる商店街だ。

ほんの少し歩いて右手、入母屋造り、本瓦葺きの大きな建物がある。三原屋こと堀内家の邸宅である。逆光の下で飴色に輝く格子、焼板塀になまこ壁、そして蔵。家の中には、ひとかかえもある大黒柱に神輿もまわれる広い土間もあるという。奥に回り込んで眺めると酒倉、味噌倉、米倉も……。行きつ戻りつしながら何度でも眺めていたい明治初期に建てられたというお邸だ。

入口に「電話 特長三番」の札がかかっている堀内邸を通り過ぎ「しおまち商店街」と書かれた看板の下をくぐる。「創業明治20年 元祖太助饅頭」などレトロな匂いがプンプンする店とそんな店が軒を連ねる通りを歩くのは愉しいものだ。

しおまち商店街の入口にある堀内邸

商店街を突き抜けると右手に〈耕三寺〉。潮聲山耕三寺は、初代住職耕三寺耕三和上が、母の菩提寺として建立した浄土真宗本願寺派の寺院。昭和11年から30年余りの年月をかけて完成させた。

境内に入る。大和室生寺の五重塔を参考にしたという大慈母塔、日光陽明門の原寸復元を発願して建立された孝養門など絢爛たる堂宇、堂塔の数々が瀬戸内の青空のもとで映え盛っている。

さて、良平と千代が見上げていた堂塔はどこだ？奥の本堂まで歩いてみたが特定できず山門まで引き返し寺務所を訪ねる。境内で記念写真を手がけている「オオタニスタジオ」の大谷千里さんを紹介していただいた。

VHSから抜き撮りした写真を見て「あ、これは、五重塔の横ですね。オウムの声？ん？あ、これは、一段下、礼拝堂のある場所ですね」と、大谷さん。そうか、このシーンは、境内の2ヵ所で撮影されていたのか。

この場所で２人が五重塔を……

千代が「子供が……」と、つぶやいた場所

母の納骨堂として昭和30年12月に完成し、大慈母塔と名づけられた五重塔へもう一度、行ってみる。ロケ当時にはあった塔を囲む柵は今はないが、2人の背後に見えた法宝蔵は当時のままの姿でデンと居座っている。

石段を下り、オウムが2人に声をかけた場所に移動する。鳥かごは無くなり、ロケ当時はなかった手水所「水心洗」がある。「水心洗」を見守るように〈世の母は みな観世音 花の春〉と刻まれた石碑が立っている。裏には、昭和29年3月吉日 建之開山釋耕三。実は、この石碑、ロケ当時とは逆向きに立っている。大谷さんによると「水心洗」を造った時、少し場所を移動し向きも変えたそうだ。今、石碑は真っ直ぐに五重塔、孝養門、本堂をじっと見つめている。

千代が「私も子供が欲しくなっちゃった」と良平に向かってつぶやいた〈耕三寺〉を後にし、駐車場に向かう。境内の桜は散っていたが、駐車場の手前にある〈耕三寺博物館分館〉のしだれ桜は満開で、塀の外までこぼれ落ちるように咲き誇っていた。

ちなみに、前述の「瀬戸田町史」には〈耕三寺〉についての章があり、そこには、耕三寺と瀬戸田が最も早くロケ対象になった映画が「集金旅行」だった、と書かれている。

## 良平と千代、2人が話した潮音山の山上広場

勇太を母・浜子に預け、ホッとしたと同時に勇太を手放して少し寂しくなった千代は、耕三寺の境内で「私も子供が欲しくなっちゃった」と、意味ありげに良平を見つめてつぶやく……。

シーンが変わって瀬戸田水道とその向こうに広がる瀬戸の海が見える小高い山の上の広場。

「勇太のために、せめてお父さんが持っていたアパート、勇太に残しておいてやりたいね」

「そうだな。そのためにも、もうひとふんばり集金に廻るか」

潮音山の山上から見た瀬戸田の町並み

「賛成、私も応援するわ」……

撮影された向上寺のある潮音山の山上広場を訪ねる。

耕三寺の駐車場から平山郁夫美術館の横を通り、〝瀬戸田水道とその向こうに広がる瀬戸の海〟という絶景を眺めた高根大橋方面に向かう。橋にかかる手前で車を降り、案内板に従って向上寺をめざす。

緩やかな坂道が続いている。残念ながら、桜は散り終わり宣言が出されていたが、散り残った花びらと道端のチューリップ、クスノキの若葉に藤の花が目を楽しませてくれる。しばらく歩くと向上寺の本堂が。

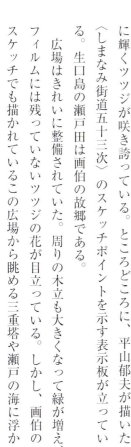

向上寺は、約600年前の応永年間に建立された曹洞宗の寺。本堂の脇に三重塔に続く石段が伸びている。永享4年（1432）に建てられた三重塔は、和を基調としながら唐風を取り入れた珍しい様式で、昭和33年に国宝に指定された。昭和38年に解体修理されたが、用材の大部分は建立当初のものが使用されている。色鮮やかな朱塗りの塔が青空に向かって背伸びするように立っている。

2人が話し合った山上広場からも三重塔が

塔の横に山上広場に通じる坂道がある。道の両側には薄紫の花が陽光に輝くツツジが咲き誇っている。ところどころに、平山郁夫が描いた〈しまなみ街道五十三次〉のスケッチポイントを示す表示板が立っている。生口島の瀬戸田は画伯の故郷である。

広場はきれいに整備されていた。周りの木立も大きくなって緑が増え、フィルムには残っていないツツジの花が目立っている。しかし、画伯のスケッチでも描かれているこの広場から眺める三重塔や瀬戸の海に浮かぶ島の稜線は、当時のままの姿で私の目線の向こうにある。4月の海は穏やかだ。今日は、船も見当たらない……。

坂道を下り、三重塔まで引き返す。点々と散っている桜の花びらを、ゴメンナサイと踏みしめながら立ち位置を少しずつ変え、もう一度、そしてもう一度と朱塗りの塔を見上げ名残を惜しんだ。

## 岩国の松平邸は尾道の浄土寺だった！

実は、生口島に渡る前に尾道市立中央図書館で、昭和32年の地元紙「中国新聞」を閲覧し、「集金旅行」のロケに関する記事をチェックしたが、同年10月2日、4日分で次のような記事を見つけていた。「9月21日の夜、瀬戸田に着いた〈集金旅行〉のロケ隊は、連日の雨にたたられたが、10月1日に瀬戸田ロケを終え、2日午前10時の特別船で瀬戸田を出帆、尾道に向かった。尾道に着いたスタッフは、竹村家で休憩した後、浄土寺でロケ、5カット撮って〈特急さちかぜ〉で帰京……」。

浄土寺で5カット?さて、どのシーンだろう?。思い出したのが、岩国でどうしても場所が特定できなかったあのシーン。良平が集金のため、松平公夫邸を訪ねるシーン（本書21ページ参照）だ。そこで、瀬戸田のロケ地取材を終えた後、再び尾道に立ち寄り、浄土寺を訪ねることに。

JR山陽本線のガード下のトンネルを抜け、石段を上がると浄土寺の山門がある。山門の前に立って右に目をやると向島大橋、左に顔を向けると白壁と板塀が続き寺の裏門につながっている。岩国の松平邸として撮影されフィルムに残っているあのシーンとまさに重なっている。良平が集金のために訪れ、門の前で松平の表札をじっと見つめていたあのシーンだ。岩国の松平邸は、尾道の浄土寺の裏門で撮影されていたのだ。松平邸と

岩国の松平邸として撮影された浄土寺裏門

して撮影された場所を、いろいろと手を尽くして探していただいた岩国市観光協会の米重事務局長に、お詫び方々ご報告しなければならないようだ。

（取材日／平成26年4月16日、17日）

## 徳島・鳴門編

### 1万人の人波で埋まった徳島ロケ

勇太を、無事、母・浜子のもとに預け、ホッとした良平と千代だったが、勇太の将来のため、少しでも彼にお金を残してやろうと、集金旅行を続けることにする。

瀬戸田にある向上寺の三重塔を見下ろす山上広場で、２人が相談している。

「ねえ、徳島に行かない？」

「徳島？」

「私を一番最初に奪った男が、徳島にいるのよ」

「へえ、君、奪われたの」

「殺してやりたいくらいの男よ。慰謝料、うんとふんだくってやりたいの。手伝ってくれる」

「まかしとき！」

2人は、千代を奪った（?）男・津村順十郎（花菱アチャコ）が住んでいる徳島に向かう。徳島の町はちょうど阿波おどりで賑わっていた……

私も岡山駅西口から出ている高速バスで徳島へ。

徳島県立図書館で地元紙・徳島新聞の昭和32年分をチェックする。8月10日の夕刊でロケ記事を見つけた。見出しは〈踊りの渦をシネスコに〉。松竹ロケ隊のシネスコのカメラが、徳島東署前、徳島新聞社前、東新町で蜂須賀連、のんき連など4連の踊り子200人を追って撮影を続けた、と書かれている。そして、最後に、9月にはもう一度、徳島でロケが行われるとも。

マイクロフィルムで保存されている徳島新聞の8月分に続いて9月分を見ていく。9月22日付けの記事。「9月24日、25日にロケが行われることになり、21日から徳島市新町橋通り2丁目〈丸新デパート〉隣の緑地帯に、ロケで使う阿波おどりの特設桟敷が設置されている。すでに8月10日にもロケが行われているが、今回は、主演の岡田茉莉子らも参加して踊りのシーンが撮影される」。

ポストの上で踊る2人。新町橋通りで

が、実際には24日と25日にはロケは行われず、天候不順で27日に延期されたことが記事をたどっていくと分かる。

9月27日の夕刊と28日の記事。「夕方から新町橋通りで踊りのシーンが撮影され、スポットライトを浴びた娯茶平、蜂須賀、水玉、天保、のんきら各連の踊り手の中に、岡田茉莉子、花菱アチャコが溶け込んでいく。丸新デパート前は、旧盆の時以上の1万人の人波で埋まり大混雑、撮影は深夜にまで及んだ」。

阿波おどりの実景シーンに加えて、オープンセットに踊り手らたくさんのエキストラを参加させて撮影された大掛かりな徳島ロケだったようだ。

## 阿波おどりミュージアムを訪ねる

市街地から少し離れた〈文化の森〉の中にある県立図書館から徳島市営バスで市の中心部に戻り、阿波おどり会館を訪ねる。JR徳島駅前から大通りを直進し、新町橋を渡ってしばらく歩くとその突き当たりにあるのが阿波おどり会館。背後にあの眉山。ロープウエイで眉山にも行ってみたかったが、時間がないので会館3階にある阿波おどりミュージアムへ。

盆踊り起源説、風流踊り起源説、築城起源説など阿波踊りの起源や歴史、鉦や鼓、太鼓や笛、三味などの鳴り物、そして衣装など多彩な展示をゆっくりと見てまわる。

ロケに協力した踊り連についても説明されている。戦前は、主に役場を中心に町内ごとに踊っていたが、戦後は、復興への意気込みから職場・職域ごとに踊る同好の踊り連が生まれたとある。前述の丸新デパートにも職場連があったようで昭和33年に参加したときの写真が掲示されている。

ポスターもある。「集金旅行」のロケが行われた昭和32年は、開催日が、8月8、9、10、11となっている。よく見ると、右下に〈協賛　徳島博S33、3、20〜5、10〉のマークが刷り込まれている。フィルムに残さ

阿波おどり会館。後ろが眉山

れている阿波おどりシーンのバックに「徳島博」の大きなPR看板があがっていたのはこれだったのかと、納得。

ポスターを見ていて気づいた。年によって開催日が変わっている。昭和33年は、8月27、28、29、30日に行われている。昭和44年からは、徳島市と鳴門市が併記されており、鳴門市は12、13、14日、徳島市は15、16、17、18日となっている。興味は尽きない。

## 千代と津村が踊った新町橋通り

〝私〟を奪った(?)男から慰謝料をふんだくるため徳島に向かった千代と良平。しかし、その男・津村順十郎は、少し色あせた(?)とはいえ背中にくりからもんもんのある男だった。助っ人を買ってでた良平は軽くあしらわれ、逆に脅迫の疑いで警察に連行されてしまう。残された千代は、津村に無理やり連れ出され、開催中の阿波おどりの列に加わることになるのだが……。

千代と津村の2人が飛び入り参加した阿波おどりのシーンは、前述の通り昭和32年8月に開催された阿波おどりの実景と9月末、新町橋通りに設置した特設桟敷の前で、〝娯茶平〟ら踊り連などエキストラが数多く参加しての大掛かりな再現ロケで撮影されている。

当時の徳島新聞の記事によると、撮影用の桟敷が設けられたのは、徳島市新町橋通りにある〈丸新デパート〉隣の緑地帯と書かれている。が、〝徳島市街散策Ｍａｐ・ぶら〜りまち散歩〟を見ても〈丸新デパート〉は、見当たらない。徳島市役所観光課を訪ねる。

「丸新デパートは、なくなりました。今は、駐車場になっています」。地図を見ながら、デパートのあった所にチェックを入れていただき、その場所に向かう。

市役所からJR徳島駅まで戻り、駅前から眉山に向かう大通りを直進する。大通りの真ん中に設けられた緑地帯から青空に向かって真っ直ぐに伸びているヤシの木が、ほんの少しだが蒸し暑さを和らげてくれる。しばらく歩くと〈新町橋〉。

この橋は、〈藩政初期、城山から眉山に通じる道路橋として新町川に架けられた。両岸に並ぶ土蔵から阿波藍が積み出され、川筋は出船入船で賑わい、この界隈は古くから商業地の中心として栄えた。阿波おどりの踊り子たちも新町橋の橋上で踊るのを一番の楽しみにしていたという。なお、橋は、昭和53年に架け替えられた〉と、袂にある石碑に刻まれている。

橋の名前が記された銘板の傍らや橋桁、そして車道の脇に設けられた歩道にと、いたるところでデザイン化された踊り子たちがエネルギッシュに乱舞している。私が訪れたのは7月1日だが、今年も8月12日から15日まで阿波おどりが開催される。その時は、この新町橋界隈でも熱気あふれる踊りが繰り広げられ、踊り絵巻が町全体を覆い尽くすことだろう。私も、ぜひ一度、

創設当時の擬宝珠があしらわれた〈しんまちはし〉

新町橋。向こうは眉山

踊る阿呆は無理としても見る阿呆にはなってみたいものだ。

渡りきって少しばかり歩いていくと左手に、観光課でチェックしていただいた駐車場が見えてくる。〈あわぎんお客様駐車場〉の看板が立てられている。〈丸新デパート〉は、駐車場の横にある阿波銀行のそれに様変わりしてしまったようだ。近くの東新町商店街には、〈アニメの町 徳島〉、〈アニメの町 東新町〉と書かれたのぼり旗が立ち並んでいる。商店街入口にあるアニメ映画などの上映館〈UFOTABLE　CINEMA〉で聞くと、徳島では春と秋、アニメ製作会社UFOTABLEと徳島県、徳島市が一体となってアニメイベント〈マチ★アソビ〉が開催されているそうだ。

ちなみに、〈UFOTABLE　CINEMA〉のチラシを見ると、7月上映スケジュールの中に「そこのみにて光輝く」がラインアップされている。

徳島は阿波おどりだけではない……。

## 千代の背後に映っていた〈宮川洋品店〉

このあたりでもう1ヵ所、訪ねたい所があった。それは、〈宮川洋品店〉。エキストラに混じって踊りに見入っている千代の背後に映っていた店だ。東新町商店街を挟んで〈丸新デパート〉跡の反対側に〈メンズ・プラザ ミヤガワ〉の看板を見つけた。昭和47年生まれだというご主人にVHSから抜き撮りした写真を見てもらう。「ああ、確かにうちの店ですね。じいちゃん、曾じいちゃんがやっていたころですね。当時の店は、昭和45年、お父さんの時に建て替えて今のビルにし、現在は、店名も〈メ

手前から2軒目が〈ミヤガワ〉

ンズ・プラザ　ミヤガワ〉になっています」。ロケが行われたのは、今から57年前の昭和32年。ロケが行われたあたりがいろんな形で変わってしまうのは当然といえば当然だ。

明日の鳴門市取材に備えて、今日は徳島に1泊。宿は、新町橋の袂にある藍場浜公園のすぐ隣。夜、ベッドに横たわると、かすかに三味線と太鼓の音が聞こえてくる。窓を開けると、その音がビルの明かりや街路灯の合間から少しばかりボリュームを上げて部屋まで届いてくる。翌日、駅前の観光案内所で聞いてみると、8月の阿波おどりの本番を前に、早くも踊り連の人たちが練習を始めているんだ、とのことだった。

## 舞台は徳島市から鳴門市へ

〝私〟を奪った（?）男から慰謝料をふんだくるため徳島にやって来た千代と良平だったが、その男・津村順十郎に軽くあしらわれ、良平は恐喝の疑いで留置場へ放り込まれる。一方、千代は、開催中の阿波おどりに無理やり連れ出され、津村と一緒に踊りの輪に加わる。踊る阿呆の熱狂の中に身を置いた千代は、いつしか夢心地になり、津村のプロポーズをあっさりと受け入れてしまう。疑いが晴れ、旅館に帰ってきた良平のもとに、千代から手紙が届く。「私、結婚することにしたの」。口には出さないものの、千代のことを憎からず思い始めていた良平だったが……

2人の別れのシーンは、徳島市に程近い鳴門市で撮影された。

前述のように徳島県立図書館でチェックした昭和32年のロケ当時の徳島新聞の記事。9月26日、27日付けで「ロケ隊、鳴門入り」「快調に鳴門ロケ」の見出しが踊り、〈鳴門市◯◯町の◯◯海岸にある◯崎桟橋でロケが行われ、海水導入ポンプ場の屋上に設置されたカメラが、佐田、岡田らの演技を追い……〉とか〈鳴門海峡を行く阿波汽船「おのころ丸」のデッキで……〉などとロケの模様が記されている。が、マイクロフィルム化された記事は、文字がつぶれて○○の部分がはっきりしない。現地に行って確認するしかないようだ。

徳島駅からJR鳴門線に乗り鳴門に向かう。

徳島駅を出発してしばらく走ると、車窓の左右に一面に広がる蓮の葉が視界いっぱいに入ってくる。鮮やかな緑の葉っぱの波の合間に白と薄紅の可憐な花がところどころに浮かんでいる。広がりが半端ではない。延々と続いている。後で調べてみた。徳島県の吉野川下流域の徳島市、鳴門市、松茂町ではレンコン栽培が盛んに行われ、その収穫量は全国2位だそうだ。納得。

停車駅での待ち時間が長く、約1時間かかってやっと鳴門駅に到着。ここで線路は行き止まり。文字通りの終着駅だ。

大鳴門橋とうずしお。向こう側が鳴門市

## 別れのシーンが撮影された桟橋を探す

ロケ場所を確認するため鳴門市役所観光振興課を訪ねる。映画「集金旅行」のVHSから抜き撮りした写真、新聞記事にある〈○○海岸〉、〈○崎桟橋〉、〈阿波汽船〉などを手がかりに観光振興課の岸本恵里さんと鳴門の市内地図を見ながら検討するがなかなかわからない。そこで、20代の岸本さん「50年以上も前のことですからね。鳴門市史編纂室のご年配の方に聞いてみましょう」と、別棟にある編纂室へ。しかし、ご年配の方は席空き……。

そこで、〈阿波汽船〉という社名はよくわかりませんが、船ということであれば、〈うずしお汽船〉と〈うずしお観潮船〉が今も運航されています、との岸本さんの話を受けて、とりあえず2社の乗船場を訪ねることにする。

　市役所から少し距離があるのでタクシーに乗る。年配の運転手さんに「〈阿波汽船〉って知ってる?」と聞くと「〈阿波汽船〉?聞いたことないなあ。ただ、大鳴門橋の開通で今はなくなったが、こちらと淡路を結ぶ〈阿淡汽船〉というのはあったよ。この近くの岡崎から船が出ていた」。阿波と阿淡、○崎と岡崎。ん?

　そうだ!阿といえば阿波と決めつけ、少し文字がつぶれていた淡を波と思い込み〈阿波汽船〉とメモしてしまったのか。それに、岡崎。「運転手さん、予定変更、その岡崎に行って!」。

　バス停のある岡崎で下車。市役所でいただいた鳴門市街エリア地図で確認する。このあたりは本土と紀伊水道に浮かぶ島田島、高島、大毛島の間を流れる小鳴門海峡の太平洋側の出口にあたり、岡崎海岸とも記されている。交通表示板にも岡崎渡船の文字がみえる。タクシーの運転手さんも言っていた。「阿淡汽船はなくなったが、大毛島との渡船は今も岡崎から出ているよ」と。

岡崎海岸の桟橋

　ロケが行われたのはここに間違いないと確信したが、背丈を越す防波堤が延々と続いており、海が見えない。うろうろしていたが、200メートルも先だろうか、防波堤に架けられている梯子を見つけた。よじ登って堤上に立ち、海峡を眺めながら左手に目をやるとテトラポッドで埋め尽くされた海岸の向こうに見えた。海に突き出た桟橋が!
　取材後、調べてみると〈福良汽船〉と〈おのころ汽船〉が合併して、大正11年（1922）〈阿淡汽船〉となったが、昭和60年（1985）

大鳴門大橋の開通で、阿波と淡路を結ぶ定期航路は廃止になったという。そういえば、ラスト、良平が千代と別れて乗り込んだ船は〈おのころ丸〉だった。

## 良平、失恋の場となった岡崎の桟橋

やっと見つけた！良平と千代の別れのシーンが撮影された桟橋を。桟橋は、背丈をはるかに越える防波堤に立て掛けられた梯子をよじ登り、その堤上から眺めることができた。後でわかったのだが、この防波堤は、阪神淡路大震災を受けて、平成22年11月、桟橋のある岡崎海岸に造られたものだった。

防波堤の海岸側に堤防の高さまで積み上げられたテトラポッドがある。狭い堤上の道からそちらに乗り移り、約100メートル先に見える桟橋まで足元に気をつけながらゆっくりと歩いていく。砂浜に積み上げられたテトラポッドの道が途切れたところにその桟橋があった。テトラポッドの山から後ろ向きになってそろりそろりと降りる。海側には、コンクリート製のT字型をした桟橋があり、反対側にある防波堤の開口部は鉄製のゲートでがっちりと塞がれている。

T字型のタテ線にあたるところを歩いていく。ヨコ線と交わったところで右手を見ると桟橋の端が崩れ落ち、コンクリートの土台がむき出しになっている。そう、この桟橋は、もう阿淡汽船の桟橋ではなくなっている。元桟橋なのだ。

ここでは、次のようなシーンが撮影されている。

別れのシーンが撮影された桟橋

「阿波おどりっていいわね。もう、夢みたい。どうにでもなれって気持ちでプロポーズを受け入れたの。あんたにはほんとに悪かったわ」

「こっちも夢みたいだよ。おめでとう」

「何度もチャンスがあったのに、どうして私をしっかりつかまえてくれなかったの。女に恥をかかせる人は嫌いよ！」

「何いってんだよ。〈武士は食わねど高楊枝〉だよ」と意地を張る良平。

そこへ千代の結婚相手である順十郎がやってくる。

「来年の阿波おどり、ぜひおいで。新郎新婦として待ってまっせ」

「悪く思わないでね」

「もう、むちゃくちゃでござりますよ……」と、良平。


二枚目の佐田啓二が三枚目の花菱アチャコに完敗（？）という意外な展開に……。

余談だが――
オールロケで行われたこの映画は、当時の新聞記事をたどっていくと、各地で雨にたたられ撮影延期になるケースが多かったせいか、出演者のオフの時間を利用したインタビューやラジオ出演などの様子が地元紙にたびたび掲載されている。徳島でラジオに出演した時。
佐田「こんなモテない役、初めてだよ」
アチャコ「こんなにモテるなんて……こわいみたい」

また、岡田茉莉子は、松江での新聞社インタビューで「喜劇に新分野を拓こうという意欲的な映画だし、とても楽しく、やりがいがある」と。

もう一つ余談――

佐田啓二は、瀬戸田でも徳島でもインタビューに答えて11月出産予定の2世誕生に触れている。

「できたら12月出産になればとひそかに期待している。小津監督も木下監督、それに僕も12月生まれだからね」と。ちなみに、彼が待ち望んでいた長女・貴恵子（のちの女優・中井貴恵）は、その年の11月27日に誕生している。貴恵子の弟・貴一（のちの俳優・中井貴一）は4年後に誕生したが、佐田啓二本人はその3年後に自動車事故で亡くなっている。

「集金旅行」のVHSから抜き撮りした写真を手に桟橋を歩いてみる。桟橋の向こうに見えていた大毛島の岬が今日も写真そのままの姿で目の前にある。その右手に映っていた小さな岩も確認できる。その尖った岩の塊だが、後で近くの旅館「水の」で聞いたところによると〈夫婦岩〉というのだそうだ。岬と〈夫婦岩〉の向こうに、うっすらと横たわっていた淡路島は今日は見えない。

左手に目をやると〈神戸淡路鳴門自動車道〉の大毛島と四国本土を結ぶ道路橋と小鳴門橋が、少し霞んでいるが重なるようにして見えている。良平と千代、2人が話していたその背後には見えなかった2つの橋だ。

## カメラが据えつけられた海水導入ポンプ場

桟橋に腰を下ろしてしばらく海をのんびり眺めたあと、防波堤の方に引き返していた時、気づいた。コの字型に突き出た堤防の向こう側にある建物に。2人に駆け寄ってきた順十郎の背後に映っていたあの建物だ。それは徳島新聞の記事にもあった海水導入ポンプ場の建物だろうか。記事にはその屋上にカメラを据え、良平らの動きを追っていたとも書かれていた。桟橋を捉えるには絶好のポジションだ。ポンプ場の痕跡はないが、カメラが据えられたと思われる建物の屋上は、今もその姿を留めている。

テトラポッドに次々と波が押し寄せ、チャプチャプと可愛い音を響かせている。ポンポンという船のエンジン音も聞こえてきたが船の姿は見えない。ただ穏やかな海だけが広がっている。

再び、テトラポッドをよじ登り、今度は狭い防波堤の上を慎重に歩きながら梯子のある所まで引き返す。道路に降り立って本来なら桟橋に続いていたと思われる鉄製の扉のある所へ戻る。扉の横に注意書きがあった。〈関係者以外桟橋への立ち入り禁止します。徳島県、鳴門市〉。知らなかったとはいえ、ゴメンナサイ。お詫びします。

さて、ラスト。

千代と順十郎に見送られて阿淡汽船の〈おのころ丸〉に乗り込んだ良平は、順十郎からお土産として手渡された〈焼き餅〉を、一口頬張った後、残りを鳴門の渦に力いっぱい投げ込む。

私の「集金旅行」のロケ地を巡る〝シネマ散歩〟もここ鳴門市の旧岡崎港桟橋でジ・エンドとなった。

（取材日／平成26年7月1日、2日）

海水導入ポンプ場があった場所。奥の建物の屋上にカメラが

# 第2部　シネマで散歩

# “もも”と“ココネ”が歩いた港町

# 「ももへの手紙」

広島県呉市豊町大崎下島

## ももという子が引っ越してきた小さな島〈汐島〉

「人狼ＪＩＮ―ＲＯＨ」などの作品でリアル系アニメーターの第一人者といわれる沖浦監督だが「ももへの手紙」は、細部までリアルに描かれた〈汐島〉の風景をバックに、イワ（声／西田敏行）、カワ（声／山寺宏一）、マメ（声／チョー）というお人好しでキモカワイイ妖怪３人組が生き生きと駆けまわる異色のファンタジーアニメになっている。

曾祖父の代まで福山市鞆の浦に住んでいたという一族のルーツを持つ沖浦監督は、瀬戸内の島々への思いが強く、映画に登場する汐島は、かつて訪れたこともあり、その風景が心に深く残っていた〈大崎下島《おおさきしもじま》〉をモデルにしたという。

「東京家族」のロケが行われた大崎上島での取材（本書２０２ページ参照）を終え、沖浦港から船に乗り大崎下島の〈大長港《おおちょう》〉に向かう。

大崎下島は、呉市豊町《ゆたかまち》と豊浜町から成る人口約３６００人の島で、「ももへの手紙」のモデルになったエリアは豊町の〈大長地区〉と〈御手洗《みたらい》地区〉だと聞いている。大長港から大長大橋を渡って呉市役所豊市民セン

ももが住む港町。左が北堀

ターを訪ね、文化振興課の関藤一暁さんと地域おこし協力隊員の宮川真伊さんにモデルになった場所、建物などを教えていただく。まずは大長地区を歩いてみることに。

センターの前、細長い逆コの字型に広がる北堀は、鮮やかなエメラルド色の海水に満たされキラキラと輝いている。周囲を取り囲むように走っている堀端の道や建ち並んでいる民家は、もも（声／美山加恋）が悩みを抱えながら駆け抜けた映画の背景とほとんどそのままの姿で私の目の前にある。実在する瀬戸内の島の風景をきめ細かく作画し、映画の背景として活かしきっていることがよくわかる。

堀に4～5艘の船が停泊している。これらの船は、大崎上島など島外の飛び地に仕事に出かける〈出作〉に使用される船で農船と呼ばれている。最盛期には400艘の農船が北堀を埋め尽くしていたそうだ。映画でも島の子・陽太（声／藤

長雁木のある大長の北堀。堀の向こうに大長大橋が

## ももへの手紙

事故で父・カズオ（声／荒川大三郎）を亡くした小学6年生のもも（声／美山加恋）は、母・いく子（声／優香）と共に、母の故郷である瀬戸内海の小さな島〈汐島〉に引っ越してくる。大好きだった父と行き違いからケンカをし、仲直りできないまま父が急死、という現実が受け入れられず、島の子供たちとも打ち解けられないももの前に、不思議な妖怪3人組が現れる……。沖浦啓之監督が7年の年月をかけて完成させたファンタジーアニメ。

●平成24年（2012）「ももへの手紙」製作委員会作品
●原案・脚本・監督／沖浦啓之
●声の出演／美山加恋、優香、山寺宏一、チョー、西田敏行ほか
●DVD&ブルーレイ／発売・販売　バンダイビジュアル

井皓太）が「農船、あれで大丈夫かな」と、台風に備えて船を岸壁に係留していた父に話しかけるシーンがある。

余談だが、堀に設けられた大長の長雁木の近くで昭和56年「男はつらいよ 浪速の恋の寅次郎」（シリーズ第27作）の寅さんが、例によって威勢のいい啖呵売をしていた。売っていたのは何故か〈アッパッパ〉。

北堀の南側にある集落を抜け、汐島に越してきたももと母・いく子（声／優香）が最初に買い物に出かけた店のモデルになったという〈資誠堂〉をめざす。路地の向こうにその店があった。映画では〈資誠堂〉が〈至誠堂〉に、看板の〈KOKUYO〉が〈KOKUBO〉になっている建物は、今、私が目にしている店が忠実に作画されている。リアル系アニメーターの面目躍如だ。

至誠堂のモデルとなった資誠堂薬局

## ももといく子が移り住んだ長屋門のある家

アニメの世界に踏み込んだような錯覚を覚えながら、港町特有の入り組んだ細道を西に向かって歩いていく。宇津神社の横を通り抜け路地を左に折れた先に次の目的地〈飛弾邸の長屋門〉があった。ももといく子の叔父・大おじ（声／坂口芳貞）の家のモデルとなった家である。2人が住む家もこの大おじの家の敷地内にあった。

飛弾邸の長屋門も、ほぼ完璧に、ももたちが通り抜けた大おじの家の長屋門になっている。門を入ると奥に大おじの家、その手前横にももと母・いく子が住むことになる家という設定も飛弾邸と同じである。大おじの家＝飛弾邸を実感する。

当主の飛弾宗郭さん（91）とちょうど居合わせた娘の稔子さん（62）に、ももも腰掛けていた縁側で、話を聞くことができた。「もう、10年前になりますよ。監督さんが訪ねて来られたのは。写真をパチパチたくさん撮られていましたね。その後7年音沙汰なしでしたので映画の話は立ち消えになったと思っていたのですが、3年前に完成したんですよね。映画を見て大おじが黄色い半パンを穿いていたのにはびっくりしました。監督が来られた時、わたしも黄色のパンツを穿いていましたので……」。

「登場人物に特定のモデルはないが、大おじだけは、島であった方の印象を少しベースにしている」。映画の公開を前にして監督は、雑誌のインタビューでこう述べている。

飛弾家は、3代続くみかん農家である。学徒出陣も経験した飛弾さんは、戦後、農業研修でアメリカのロスアンゼルスで勉強されたという。そう、大崎下島は、コクのある甘みが特徴の大長ブランドで知られるみかんの島でもある。飛弾家の背後に迫る山に目をやると、山肌の急斜面に石積みの段々畑が山頂付近まで拓かれている。山腹を切り裂くように白いガードレールが窮屈なS字型をして上へ上へと伸びている。ガードレールの間を埋めているみかん畑をタテに断ち割るように、収穫したみかんを運搬するためのモノレールが敷かれている。みかんの段々畑とこのモノレールをバックにしたももと妖怪3人組、それにイノシシが絡んだアクションシーンは、この映画の見どころの一つとなっている。

稔子さんが「これもうちで採れたものですよ」といって奥から持ってこられたおいしいデコポンをごちそうになったあと、長屋門のある典型的なミカン農家の建ち並ぶ路地を通り、門の前に積み上げられた空のケースを横目に見ながら港に引き返した。

この長屋門を入るとももと大おじの家が

## ももと妖怪が駆け回った港町「御手洗」

ももと母・いく子が引っ越してきた瀬戸内の小島・汐島のモデルとなったのは大崎下島。２人が住んだ家は、島の大長地区にあったが、ももやイワ、カワ、マメの妖怪３人組が街なかを駆け回ったのは御手洗地区である。

大長地区の北堀から南堀に架かる豊大橋を渡って県道355号を南下、12～13分も歩くと御手洗地区に着く。御手洗は、江戸期から明治にかけて北前船などの中継貿易港として栄え、今も当時の面影を色濃く残す商家や民家が建ち並んでいる。

御手洗港のすぐ近くにある恵美須神社から、ももや妖怪が駆け回った足跡を訪ね、〈重要伝統的建造物群保存地区〉に指定されている御手洗を歩いてみる。恵美須神社は、御手洗で最も古い社で、海際に立つ鳥居の前には雁木があり、貿易港として賑わった往時の佇まいを思い起こさせる。

神社の前を通って海岸沿いに歩いて行くと、右手にスクリーンで見たそのままの建物がある。〈広警察署豊警察官駐在所〉。映画では〈汐島町警察官駐在所〉として登場しているが、今、私の目の前にある駐在所が寸分違わぬリアルさで見事に作画されている。

駐在所の前でのおまわりさんと島の郵便局員幸市（声／小川剛生）の会話。

「暑いねえ」

〈汐島〉の交番＝豊警察官駐在所

「ほんまにのお」

「ところでのお。今、島の中で女の子のバッグや帽子などが盗まれとるらしいんじゃ。われも配達しよる時、怪しいもんがおったら知らせてくれえのお」

怪しいもんとは妖怪3人組のこと。この時、すでに妖怪は、幸市のバイクの荷台でふんぞり返っていた……。妖怪の姿が見えるのはももだけなのだ。

そんなシーンを思い出しながらさらに進むと左手前方、〈千砂子波止《ちさごはと》〉の先端に大きな灯篭が見えてくる。映画のオープニングで出てくるあの高灯篭である。映画では灯篭のバックにしまなみ海道の大橋が描かれているが、今、私はその橋を見ることはできない。映画の背景は大崎下島だけではなく、瀬戸内海の各地の風景がさまざまに組み合わされ汐島として描かれている。

ももが座り込んだ満舟寺の石垣

## リアルに再現された〈汐島〉の町並み

海沿いの道から懐かしい町並みの残る保存地区に足を踏み入れる。汐島の路地を駆け回ったももや妖怪たちの背景として作画された風景とそっくりの町並みが、次々と目の前に現れてくる。ちなみに、汐島の町並みは、同じ広島県の竹原市の保存地区もモデルになっている。ＮＨＫのドラマ「マッサン」で注目を集めた〈竹鶴酒造〉もあるあの通りである。

実在する風景を忠実に描くリアル系アニメーター沖浦監督の目になって私も歩いてみる。

大きな石垣のある寺が見えてきた。〈満舟寺〉である。資料によるとこの巨大な石垣は、豊臣秀吉が四国攻略の際、加藤清正に命じて築造させた、とある。

そう、この石垣に違いない。妖怪に追われて逃げ回ったももが、はあはあと大きな息を吐きながら、ここはどこなの？と、石垣に背中を預け、思わず座り込んでしまった場所は。道を挟んで石垣の前にある民家の連なりは映画とは違っているが、監督がこの石垣を参考にしてこのシーンを作画したのは間違いないだろう。

さらに歩を進める。左手に、ももも目にしたであろう〈若胡子屋《わかえびすや》跡〉。江戸期の御茶屋で、屋久杉など上質な建材で造られたその佇まいは、花街でもあった御手洗の栄華を偲ばせる、と記されている。

その栄華の跡のすぐ先を左に折れると右手に〈天満宮〉。境内には、〈菅公の井戸〉という伝説の井戸がある。菅原道真が九州の太宰府に流される途中に立ち寄り、この井戸で手を洗ったという。御手洗という地名はこの伝説に由来するといわれている。

ももが逃げ込んだ天満宮

ここも、ももが、妖怪に追われて逃げ込んだ場所の一つだ。参道の両側の桜並木は濃淡さまざまな若葉が生い茂り、拝殿を包み込んでいるが、鳥居や手水、菅公の碑とその前にある案内ボードに説明文など実在する風景が忠実にアニメの世界に再現されている。

ももの世界にすっぽり入り込み、風待ち、潮待ち、港町として栄えた町並みに心惹かれ、何度も足を止めながら心ゆくまで楽しんだ御手洗の散歩だった。

（取材日／平成27年4月28日）

# 「ひるね姫～知らないワタシの物語～」

岡山県倉敷市児島、下津井

倉敷市と言えば、大原美術館もある美観地区がまず思い出されるが、主人公のココネが暮らしている下津井は、美観地区のある倉敷の中心部からは、直線距離にして約20キロ南にある港町。平成28年8月公開のアニメ映画「君の名は」が大ヒットして物語の背景となった場所が〈聖地〉となり、アニメファンが大挙して押し寄せる巡礼地となった。これを受けて「ひるね姫～知らないワタシの物語～」の舞台となった地元では〈聖地〉を訪れる、いや訪れてほしいファンのために積極的なPR活動を展開した。

平成29年3月18日の公開を前に、瀬戸大橋を望む〝児島・下津井〟でひるね姫の景色と出逢うマップの作成や下津井周辺の観光地を巡るスタンプラリー、登場人物と舞台となった風景が描かれたラッピングバスにラッピング列車まで走ったのである。これを聞けば、行かずばなるまい。ロケ地の散歩が生業（?）の私としては。せっかくなので5か所の〈聖地巡礼〉に加えてスタンプラリーにも参加したい。ひるね姫にちなんだ限定グッズが抽選で当たるラリーの応募締め切りは6月30日である。

出発前の余談。

四柱神社から見た下津井

アニメ「君の名は」の公開を知った時、最初に思ったのは「何て古くさいタイトルなんだ」。私の頭には「君の名は」といえば、昭和28年（1953）のそれしか思い浮かばなかった。〈真知子巻き〉と〈数寄屋橋〉のあの「君の名は」である。ちなみにこの映画のヒロインは岸恵子、そして相手役は、第1章で紹介している「集金旅行」の主演者・佐田啓二である。アニメは公開時に観にいったが、まさか一種の社会現象になるほどの大大ヒットになるとは想像もつかなかった。

余談、終。

## スタンプラリーは〈児島駅観光案内所〉からスタート

6月21日、今回も妻の運転する車で、ということなので彼女のスケジュールに合わせ、午後3時過ぎの出発。山陽ICから山陽自動車道、瀬戸中央自動車道を走って児島ICで降り、まず向かったのはJR児島駅の観光案内所（倉敷市児島駅前）。ここでアニメの原風景マップとスタンプラリーの専用台紙をいただく。

### ひるね姫 知らないワタシの物語

高校3年生の森川ココネ（声／高畑充希）は、倉敷市児島の港町・下津井で父のモモタロー（声／江口洋介）と2人で暮らしている。学校でも昼寝が得意科目というココネだったが、最近、不思議なことに同じ夢ばかり見る。父は、技術者で自動車整備工場を一人で切り盛りしているが、2020年の東京オリンピックの開会3日前に、突然警察に逮捕され、東京に連行される。ココネは父を助けるため、幼なじみの大学生・佐渡モリオ（声／満島真之介）と一緒に東京に向かうのだが、いつも自分が見ている夢の中にこそ、この事態を解決するカギがあることに気づく……。夢と現実が行き来する冒険ファンタジーアニメ。監督は、「東のエデン」、「精霊の守り人」、「攻殻機動隊S・A・C」などの社会派アニメで知られる神山健治だが、今作は、自分の娘に見せられる作品を、が出発点となったエンターテインメント。

●平成29年（2017）ひるね姫製作委員会作品
●原作・脚本・監督／神山健治
●声の出演／高畑充希、満島真之介、古田新太、前野朋哉、清水理沙、高橋英樹、江口洋介ほか
●DVD＆ブルーレイ／発売・販売　バップ

スタンプラリーの用紙には、「ひるね姫」の登場人物が描かれた8つのマスがあり、スタンプ台が設置された指定の場所で、マスの人物と同じスタンプを押し、応募するというものだ。ここ〈児島駅観光案内所〉が最初のラリースポットで、ここにはココネ（声／高畑充希）の幼なじみ・モリオ（声／満島真之介）のスタンプが置かれており、早速そのマスにスタンプを押した。

スタンプラリースポット〈児島駅観光案内所〉

今夜は、いつも運転でお世話になっている妻の慰労を兼ねて下津井にある鷲羽ハイランドホテルに一泊。ホテルは、下津井の街並みを一望できる丘の上にあり、鷲羽山吹上温泉という天然温泉もある。案内された部屋からは、街並みだけでなく、壮大で優美な瀬戸大橋を、まるで目の前にあるかのように見ることができる。

ちなみに瀬戸大橋は、昭和63年（1988）に開通した岡山・香川の両県を結ぶ鉄道併用橋で、部屋から見えている下津井瀬戸大橋を始めとして6つの橋で構成されている。下津井は下津井瀬戸大橋の畔にある街である。聞くと、このホテルでも「ひるね姫」キャンペーンに協力し、映画の原風景に加えて下津井の街並みと絶景ポイントを散策するため、電動自転車を宿泊者に無料で貸し出し、そのためのポタリングマップまで製作しているそうだ。

## 〈むかし下津井回船問屋〉から〈船舶ドック〉へ

翌朝、ホテルを出発、県道393号を走って下津井瀬戸大橋の下を潜る。すぐにUターンするように21号に回り込み、瀬戸の海を左に見ながら湾岸道路

スタンプラリースポット〈むかし下津井回船問屋〉

を進んでいく。田之浦港、吹上港を通り過ぎてカーブを曲がると、右手に今日の最初の目的地〈むかし下津井回船問屋〉（倉敷市下津井）が見えてくる。回船問屋の裏手、湾岸道路沿いにある駐車場に車を停め、ここからは歩きだ。下津井を歩くのは、7年前に映画「バージンブルース」のロケ地として訪ねて以来だから久しぶりだ（注／拙著「瀬戸内シネマ散歩Ⅱ」参照）。

　下津井は、江戸期から明治にかけて参勤交代の御座船や朝鮮通信使の船、そして北前船の寄港地として、また四国の金毘羅参りの渡海港としても賑わった商港であり漁港であった。今も当時の繁栄ぶりを示す商家や土蔵が街のあちこちに残っている。「下津井港はヨー　入りよて出よてヨー……」という出だしの歌詞で知られる〈下津井節〉は、岡山県を代表する民謡でかっての繁栄ぶりを示す歌でもある。

〈船舶ドック〉は道路を挟んでこの正面に

〈むかし下津井回船問屋〉は、港が繁栄していた当時の回船問屋を修理、復元した建物。北前船で運ばれてきた海産物やニシン粕などを仕入れ、帰り荷としては、児島の塩田王・野崎家の塩が喜ばれたという。ニシン粕は干拓地で栽培されていた綿花の肥料として貴重なものだった。

　巨大な梁や母屋、衣裳蔵などから当時の商家の佇まいが感じ取れる〈むかし下津井回船問屋〉は、スタンプラリーのスポット。サイドカーからロボットに変形することができる〈ハーツ〉のスタンプを押す。2つ目のマスを埋めた後、問屋の方に、「ひるね姫」の原風景となった〈船舶ドック〉〈倉敷市下津井〉のある場所は？と尋ねる。「ひるね姫」のマップによるとこのすぐ近くだ。「ああ、近いよ。道路上に、ここですよ、という案

佐渡船舶のあった場所

内が描いてあるからすぐわかるよ」と、指さして教えてくれる。さっき走ってきた湾岸道路を少し戻った処にあるようだ。

ゆっくりと歩いていくと歩道にあった！〝原風景と出逢える！ビュースポット〈船舶ドック〉〟と描かれた案内が。道路を挟んで反対側に目をやると、確かに陸揚げされた小型船がある。近づいてみる。船を手前に置いた構図、向こうに見える家並み、アニメで描かれた映像と同じ風景が目の前にある。

ココネが、朝、通学のためバス停に向かう途中、父・モモタロー（声／江口洋介）の友人で船の修理などを行う佐渡船舶という小さな会社を経営している佐渡（声／高木渉）に「おはよー！」と声をかけて走っていくシーンの原風景となった場所である。佐渡はモリオの父である。

近くで作業中の岩本さんによると、かっては漁船などの造船が主流だったこのあたりも、今はアニメの佐渡船舶と同じようにレジャーボートなどの修理や整備が主な仕事になっているそうだ。

## 下津井街並保存地区を歩いて〈四柱神社〉へ

再び〈むかし下津井回船問屋〉まで帰り、3つ目のスタンプラリーポイント〈四柱《よはしら》神社〉（倉敷市下津井吹上）を目ざす。

回船問屋の表通りに出て東西に延びる道を東に向かって歩いていく。この辺りは、岡山県指定史跡の下津井街並保存地区。港町特有の密集した民家を左右に見ながらのんびりと散策する。路地

スタンプラリースポット〈四柱神社〉

の奥にも焼板に格子窓、なまこ壁の白壁が美しい土蔵のある家々が見え隠れしている。向こうから走ってくる車を立ち止まってやり過ごしながら歩いていると正面に下津井瀬戸大橋の主塔が顔をのぞかせている。むし暑い日だったが時おり吹き抜ける海風が気持ちいい。郵便局のあたりで左にカーブし、しばらく歩くと左手の丘の上にある〈四柱神社〉が目に入ってくる。

この神社は「願いごとむすびの神」として知られる神社だそうだが、鳥居の前に立って、思わずしり込みする。とにかく石段が急なのだ。鳥居の前に「ひるね姫」のポスターは掲示されているがスタンプ台は見当たらない。お参りするしかない。1つ、2つと数えながら石段を上っていったが、足は疲れる、息はあがる、で石段の数はわからなくなってしまった。スタンプ台は、私のような人のためなのか、拝殿の前ではなく途中の随神門といったらいいのだろうか、その下に置かれている。

ココネの父・モモタローのスタンプを押して振り返ると、眼下に下津井の街並みと吹上港、その向こう、いやその上に、といった方がいいのだろうか瀬戸大橋。この絶景を目にするともう一段上に、となる。拝殿まで上り、お参りする。一段と高くなったこの場所から、海辺の密集した家々を眺めていると、急な石段をものともせず、この場所に神社を造立したこの地の人々の想いが伝わってくる。今日もここから神様が人々を見守ってくれているのだろう。

## ココネは毎朝、〈田の浦港前〉からバスに乗っていた

石段を下り、街並保存地区の懐かしい風景と空気をもう一度味わいながら回船問屋まで帰り、車で湾岸道路を引き返す。ぶらぶらと歩いて行ってもいい距離だが、車があるとつい……。下津井瀬戸大橋の下、田之浦港

まで戻り、駐車場の空きスペースに何とか停める。

「ひるね姫」に登場した〈田の浦港前〉のバス停〈倉敷市下津井田之浦〉はすぐ目の前にあった。近くの歩道には、〈船舶ドック〉と同じく、〝原風景と出逢える！ビュースポット〟と描かれた案内がある。ココネが毎朝、通学のためにここからバスに乗っていたのだ。ココネの幼なじみのモリオと久しぶりに会ったのもこのバス停である。彼は東京の大学に行っているが、夏休みで故郷に帰ってきていた。

バス停のポールに書かれた〈下電バス 田の浦港前 のりば〉、向こうに見える火の見櫓にオレンジ色が鮮やかな3階建ての民家などアニメで描かれている風景とほとんど同じだ。ただ一つ違うのは、歩道脇の民家の軒下にぶら下っているもの。今日は、洗濯物が干してあるがアニメではタコが一列、きれいに並んで干してあった。下津井のタコは全国的にも有名で、その姿干しは秋から冬にかけてこの地の風物詩になっている。アニメの舞台は夏なので本来ならありえない光景だが、監督がロケハンで下津井を訪れたのはちょうどタコの姿干しが港のあちこちで見られる時期だったのだろう……。

ちなみに、神山監督は、ココネの故郷として瀬戸内地方、特に尾道あたりを考えていたそうだが、たまたま訪れた下津井の街並みに心ひかれ、この地を舞台にすることに決めたそうだ。懐かしさにあふれた歴史のある街並みに加え、巨大で美しい瀬戸大橋が街の真上に君臨しているという正反対ともいうべきものの存在に心を動かされたに違いない。

ココネは、毎朝、このバス停から

歩道に描かれた〈バス停〉の案内

## 神社の石段に路地裏、ココネの通学ルートを歩いてみる

〝原風景に出会える！　ビュースポット〈田土浦《たつちのうら》坐《にまします》神社〉〟（倉敷市下津井田之浦）は、スタンプラリーのポイントでもある。マップによると〈田の浦港前〉のバス停のすぐ北側にあるようだ。バス停から少し移動して見上げると神社の拝殿だろうか、社の一部が見えている。バス停裏の密集した民家のすき間を迷路のような路地が伸びている。神社に通じる道があるはずだが、とウロウロしてみるが、なかなか見つからない。

通りかかったおばあちゃんに聞いてみる。聞くと、何んと96歳。が、とても元気だ。曾孫のために買い物に行っている途中だそうだ。「ああ、田の浦の明神様。ここから歩いて？　ややこしいから、鳥居のある所まで案内したげるよ」。買い物袋を収納した手押し車を押してスタスタと歩いていくおばあちゃんの後を追いかけて、上り坂の狭い路地を進んでいくと神社の鳥居が突然現れた。「ここを上ればいいんだよ。ところで今日は、車で来たの」。ハイ！　と答えると「それなら今は、神社の前まで車で行ける迂回道が出来ているんだ。今日は、大変だったね」と、慰めてくれた。

〈田土浦坐神社〉

おばあちゃんにありがとうを言い、路地から続く石段を上っていく。石段は、今歩いてきた路地の趣とは打って変わってきれいに整備されている。途中にあった！　〝原風景と出逢える！　ビュースポット〟と描かれた案内が。立ち止まって息を整え、振り向いて左に目をやると、あの風景が！　甍の連なりと下津井瀬戸大橋。ココネがバス停までの通学路として石段を走るようにして下りていったあ

の場所である。確かにビュースポットだ。

このむつかしい名前の神社の創立年代は、不詳とのことだが、火難よけの神社として地元では、さっき、おばあちゃんが言っていたように田の浦の明神様と呼ばれ崇拝されているそうだ。

スタンプ台は、石段を上りきった拝殿の前にあった。まずは手を合わせ、火事を含めて様々な業火（?）に会いませんようにとお祈りし、ここではココネのスタンプを押す。やはりここが主役級のビュースポットなんだと納得する。

ココネは石段を下りながらこの光景を眺めていた

再び、マップを見る。ココネが通学時に抜け道として利用していた場所〈路地裏〉（倉敷市下津井田之浦）もこのあたりにあるようだ。石段を下り、ビュースポットの案内図を手に、近くの路地を歩いてみるが見つからない。

ココネは、この〈路地裏〉の抜け道を通って……

路地の脇にある小さな社で手を合わせていたご婦人2人に聞いてみる。「神社の石段を下りてすぐの路地ですよ」。そのあたりを、さっきも歩いたんですがとも言えず、ありがとうを言って鳥居のある場所に戻り、迷路のような路地をもう一度探検する。やっと見つけた。ココネが駆け抜けたあの〈路地裏〉の道を。
映画の原作本「小説 ひるね姫～知らないワタシの物語～」（神山健治著、角川文庫）では、ココネの通学路について次のように書かれている。

〈ココネは瀬戸大橋を左手に見ながら、軽快な足取りで石段を駆け下りていく。人がすれ違うのもやっとの、細く狭い道をすり抜ける。途中で出会った顔見知りに挨拶するのは忘れずに、何年も前から時が止まっているような小道や裏通り、家々の隙間を潜り抜けて進む。〉（原文のまま）

ここに書かれているシーンが、下津井の、そして田之浦の路地を舞台にそのままアニメに描かれている。ココネが歩き、走り抜けたその場所を、今日、私もココネと同じ視線で見てきたのだ。

本書の「ももへの手紙」（本書86ページ〜92ページ参照）の舞台を訪ねた時にも感じたことだが、アニメの背景として描かれた場所のリアルさはその舞台となった場所そのものだ、いやそれを超えている。アニメ映画だが、これらの場所は、たしかにロケ地だ。

今度は迷うことなく〈路地裏〉から〈田の浦港前〉のバス停まで帰ってくる。ここで1枚、写真を撮りたい。バス停のポールに取り付けられた時刻表を見る。あと5分ほどで、下津井循環バス〈とこはい号〉がやってくる。「ひるね姫」のラッピングバスである。バス待ちのお客さんが2人いるのでここでの停車は間違いない。吹上港の方からやってきた。バス停の名前が入る位置でカメラを構えて撮影する。

## ココネの父が連行された児島警察署

再び車に乗って次の目的地、スタンプラリーポイント〈鷲羽山レストハウス〉

〈田の浦港前〉に停車したラッピングバス

〈倉敷市下津井田之浦〉へ。途中、湾岸道路と県道393号が交わるあたりで車を停め、ここでも写真を1枚。〈田の浦港前〉から乗車したココネとモリオ、それにモリオの友人を乗せたバスがこの場所を走っていったのだ。下津井瀬戸大橋の主塔が見えるこの道を。

児島半島の南端にある鷲羽山は、瀬戸内海の多島美と本州と四国を結ぶ瀬戸大橋が見渡せる景勝地。そのビュースポットにあるのが〈鷲羽山レストハウス〉。入口にあるスタンプ台で佐渡船舶の佐渡さんの顔を押し、5つ目のマスを埋めた。食事処もあるレストハウスに入り、アイスコーヒーでのどを潤したあと、児島の市街地に戻り、〈児島警察署〉へ。ココネの父・モモタローが連行された警察署である。警察署の正面入り口が見える歩道に、ここが原風景、を知らせる案内があった。お世辞にもビュースポットとは言えないが、写真に収める。〈船舶ドック〉、〈バス停〉、〈田土浦坐神社〉、〈路地裏〉と歩いてきて最後に〈児島警察署〉。5か所の〈原風景と出逢える！ ビュースポット〉を制覇したのであとはスタンプラリーのみ。

児島警察署。手前の歩道に案内が

バスが走り抜けた三叉路

モモタローの友人雉田（声／前野朋哉）のスタンプが置かれている〈児島観光港〉（倉敷市児島駅前）、シジマ自動車の会長でココネの祖父・志島一心（声／高橋英樹）のスタンプがある〈旧野崎家住宅〉（倉敷市児島味野）、ココネの今は亡き母・イクミ（声／清水理沙）がいる〈ジーンズミュージアム〉（倉敷市児島下の町）を大急ぎで回る。本来ならば、それぞれのスポットでゆっくり観光したいのだが今日は、時間がない。スタンプラリーの企画担当者の方、ごめんなさい。

３か所でスタンプを押し、これで８コマすべてが埋まった。抽選で当たる賞品はいろいろあったが、私は「ひるね姫」のイラスト入り帆布バッグ希望にチェックを入れ、〈ジーンズミュージアム〉にあった応募箱に台紙を投函、帰途についた。

ココネが駆け抜けた街〈下津井〉が聖地になることを祈りながら。

（取材日／平成29年6月21日、22日）

スタンプラリースポット〈鷲羽山レストハウス〉

スタンプラリースポット〈児島観光港〉

スタンプラリースポット〈旧野﨑家住宅〉

スタンプラリースポット〈ジーンズミュージアム〉

原爆の悲劇は今も…

# 「夢千代日記」
## 兵庫県美方郡新温泉町湯村温泉

### 湯の町の女たちの想いが交錯した温泉橋

「夢千代日記」は、ＮＨＫの「ドラマ人間模様」枠で、昭和56年に放送（全5話）されて好評を博し、57年に「続」（全5話）、59年に「新」（全10話）と計20本が放送された人気番組だった。映画「夢千代日記」は、作者の早坂暁が、構想も新たに書き下ろしたドラマシリーズの完結編となるものである。

映画でもドラマと同じようにオープニングは、夢千代（吉永小百合）が原爆症の治療のために神戸の病院に行き、山陰本線に乗って余部鉄橋を渡り、浜坂駅で降りて湯村に帰ってくるのだが、今日の私は、車。

中国自動車道の佐用ＪＣＴから鳥取自動車道、国道9号を走ってロケが行われた湯村温泉へ。夢千代を通して昭和の湯村を再現した〈夢千代館〉に立ち寄ったあと湯村温泉観光協会を訪ね、ロケのことなら、と、旅館〈朝野家〉の森田知宏総務部長を紹介される。

「〈朝野家〉は、ドラマの撮影が行われた際のスタッフ宿だったんです。私も、〈新・夢千代日記〉では、元ボクサーを演じた松田優作を逮捕する警察官役でエキストラ出演しました」などと、当時のことを懐かしそうに話しながら、手元にあった〈湯のまち湯村散策絵図〉に、「このあたりかな」とロケ場所に〇印をつけていく森田さん。「そうそう、映画で、兎（名取裕子）と木浦（前田吟）が入っていた露天風呂は、ここ〈朝野家〉で

湯村温泉にある“夢千代像”

撮影されたんですよ。その頃は、まだ露天風呂のある旅館は珍しかったんです」。

○印の入った散策絵図を手に〈朝野家〉を出て、祇園坂を下り、春来川に架かる〈温泉橋〉に向かう。この橋は、神戸の病院であと半年の命と宣告された夢千代が、癌を患う老画伯（浜村純）に束の間の命の灯火をともす小夢（斉藤絵里）が、夫・木浦の子供を宿した兎を見つめる晴子（左時枝）が、そして夢千代に「ぼくは殺人犯なんです。どうしようもない男なんです」と告白して去っていく宗方（北大路欣也）が、それぞれの想いを胸の奥深くに秘めて渡ったあの橋だ。映画のラスト、〈はる家〉で死の床に臥す夢千代に向かって宗方が、手錠をかけられた両手で顔を覆い、泣き崩れながら手を合わせたのもこの橋の上だった。

橋は改修されていた。歩道と車道に分かれていた橋は繋がり、夢千代の着物姿が似合った歩道橋の欄干の鮮やかな

夢千代たちが渡った温泉橋

## 夢千代日記

広島で胎内被爆し、余命いくばくもないことを知りながら永井左千子こと夢千代（吉永小百合）は、山陰の温泉町・湯村で芸者置屋の〈はる家〉を営んでいる。〈はる家〉には、それぞれに悩みを抱える置屋の女・兎（名取裕子）、紅（田中好子）、菊奴（樹木希林）、小夢（斉藤絵里）らがおり、夢千代と共に懸命に生きていた。そんな夢千代の前に現れたのが、なぜか暗い影を持った旅役者の男・宗方勝（北大路欣也）だった……。監督は「キューポラのある街」の浦山桐郎。

●昭和60年（1985）東映作品
●監督／浦山桐郎、脚本／早坂暁
●出演／吉永小百合、北大路欣也、名取裕子、田中好子、樹木希林、加藤 武、前田 吟、小川真由美ほか
●DVD／発売・東映ビデオ　販売・東映

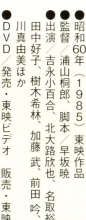

朱色は消え、新しいデザインの欄干に変わっている。橋の下に見える湯村温泉のシンボル〈荒湯〉から2～3歩石段を下りたところにある河岸広場には、夢千代たちは楽しむことができなかった足湯〈ふれ愛の湯〉が造られており、浴衣を着た泊まり客や観光客が足を浸けている。荒湯から立ちのぼるもうもうとした湯けむりだけはロケ当時と変わらない。

　さくらの花びらと紅葉がデザインされた石のレリーフが埋め込まれた温泉橋の歩道を、下校してきた小学生の女の子が2人、楽しそうに話しながらこちらに向かって歩いてきた。

## 置屋の〈はる家〉は、夢千代像の先に

　温泉橋から春来川の左岸を上流に向かって歩いていくと森下橋の畔に立つ〈夢千代像〉に出会う。「夢千代」を演じた吉永小百合をモデルにして建てられたもので、台座は被爆地・広島市から寄贈された。像の横には、温泉町（現新温泉町）特別町民の早坂暁、吉永小百合、深町幸男（ＮＨＫで放送されたドラマの演出家）、三田佳子（舞台で夢千代を演じた）の手型が飾られている。訪れた観光客が像の前で記念写真を撮ったり、手型に自分の手を当て「吉永さんの手、ちっちゃいのねえ」などと、呟いている。

　夢千代像のところから今度は、春来川に合流する稲《いな》負《ご》谷《たに》川に沿って歩いていく。この先に○印が付けられている。夢千代が営む置屋〈はる家〉として撮影された場所がこのあたりにあるはずだ。夢千代と置屋を手伝うタマエ（風見章子）が病院から帰ってくるシーン、宗方が夢千代を訪ねてくるシーン、ラスト、宗方が刑事の藤森（加藤武）に連行されるシーンなど、ＤＶＤから抜き撮りした写真を手に、ゆっくりと歩を進める。夢千

温泉橋から見た荒湯と足湯

代の背後に映っていた家並みや道沿いの電柱などから見てここだと思う場所は、空き地になっている。車が2台駐車しているだけだ。

隣家の森田さんに聞いてみた。「置屋として撮影された?それなら少し先にある矢須田さんのお宅では?今はされていませんが、以前は置屋をされていましたので」。改めて写真を見てもらう。「確かに〈はる家〉の隣が、我が家ですね。そうか、置屋というので、てっきり矢須田さんのところでと、思い込んでいました。今は、空き地になってる隣の家がロケ場所だったんですね……」。

ロケが行われたのは昭和60年、30年の時が流れている。

## オカリナの音が聞こえた〈正福寺〉の境内

湯の町に生きる女たちが行き交った温泉橋から夢千代が営む〈はる家〉があった場所に足を伸ばしたあと、春来川沿いに引き返し、〈正福寺〉に向かう。温泉橋の少し手前に石段があり、見上げると山門が見える。石段のところどころに散っている桜の花びらを避けるようにして1歩ずつ上っていき山門をくぐると、満開のしだれ桜が目に飛び込んでくる。天台宗正福寺は、但馬七花寺の1つでそれを象徴する花が、目の前にある天然記念物〈正福寺桜〉である。ヤマザクラとキンキマメザクラの自然交配種で、花びらが50~100枚の八重咲き。しかも、メシベが数個つくという珍しい品種である。昭和

正福寺の境内にある観音堂

電柱の左側にある空き地に〈はる家〉があった

9年、牧野富太郎博士が学会に発表したという。支え木が悲鳴を上げるほど誇らしげにたくさんの花を付け、花枝が地表に届かんばかりに垂れ下がっている。
この花寺でロケが行われた。次のようなシーンだ。

境内にある祠に線香を立て手を合わせていた夢千代は、観音堂の廊下でオカリナを吹いていた宗方と出会う。夢千代は、宗方に問いただす。病院からの帰りの汽車の中で、たまたま同乗していた宗方と2人で見たあのことを。余部鉄橋にさしかかった汽車から両手を合わせるようにして落ちていった女性のことを。しかし、暗い過去を持つ宗方は事件にかかわることを恐れ、「すみません」と何度も言いながら山門から逃げるようにして立ち去る……

境内を歩いてみる。夢千代が手を合わせていた祠のあったところには、今は〈夢千代地蔵菩薩〉が建立されている。作者の早坂暁が命名したというこのお地蔵は、人にやさしく、温かくがモットーの夢千代にあやかって建てられたと記されている。フィルムに残されている境内は、通り道以外は背丈ほどもある雪に占領されていたが、今日は満開の正福寺桜が参拝者を迎えている。夢千代もこの桜に少しは心を癒された時があったのだろうか。

## 2人の想いが交錯した温泉劇場と路地裏

石段を下り、再び温泉橋を渡って荒湯センターの横を通り、〈湯村温泉劇

劇場名だけが残っている湯村温泉劇場

場〉のあった場所へ向かう。センターを過ぎてすぐのところに空き地がある。ロケが行われた時、ここには旅館〈とみや〉の本館があり、映画では、老画伯夫婦が宿泊している〈煙草屋旅館〉として登場している。

〈とみや〉の西脇正紀支配人によると、当時、〈とみや〉は本館と新館があり、歴史のある木造の本館がロケで使用され、新館は、映画のスタッフ宿だったという。現在、本館のあった場所は、〈とみや〉の駐車場となり、正福寺に近い高台にある新館には、早坂暁や吉永小百合が撮影後に疲れを癒したバーがあり、カウンターの横にはサイン色紙が飾られている。

〈煙草屋旅館〉のあった通りをしばらく歩いていくと、〈湯村温泉劇場〉の文字が見える建物が目に入る。女剣劇・春川一座の旅役者として世間の目を避けていた宗方が、座長の桃之助（小川真由美）や息子のチビ玉三郎（白龍光洋）らと芝居をしていた劇場である。ロケがあったのは、今から30年前の昭和60年。当時はいくつもあった温泉場の劇場は、姿を消した。ネオンで彩られていた〈湯村温泉劇場〉もすっかり薄れた看板文字だけが残り、今、劇場は、駐車場として使用されている。道端にある1本の満開の桜が、賑やかだった当時の面影を象徴しているようだ。

劇場のすぐ横に狭い路地がある。ここでも撮影が行われている。

宗方に会いに行った夢千代は、彼が劇場の裏口から帰ったことを知り、追いかけるのだが、突然、路地で崩れ落ちるように倒れる。そこへ宗方が現れ、夢千代を背負って〈はる家〉へ送り届ける……。

温泉劇場の横にある路地

ＤＶＤから抜き撮りした写真と目の前の路地を見比べてみる。路地の両脇の民家、路地奥の家……。間違いない、ここだ。旅館や劇場など温泉街の表通りはいろいろと様変わりしているが、一歩奥に入った路地や路地裏はフィルムに残されたままの懐かしい風景がまだまだ残っている。

## 余部鉄橋は余部橋梁に……

夢千代の里・湯村温泉で1泊した翌朝、余部に足を伸ばす。映画でもドラマでも〈余部鉄橋〉は、度々登場しているが、ロケのあった年から25年後の平成22年、コンクリート橋の〈余部橋梁〉に生まれ変わった。明治45年（１９１２）、当時最高の技術を駆使して完成した鋼トレッスル式高架橋〈余部鉄橋〉は、もう見ることはできない。ただ、11基あった橋脚のうち3基は、余部橋梁の横に保存され、「空の駅」展望施設になっている。

鉄橋だけではない。〈余部鉄橋〉を通過中の汽車のデッキから身を投げた女性を捜索するシーンなどでフィルムに残されているこのあたりの鄙びた海辺の光景も一変し、新しい橋梁の下には、〈道の駅　あまるべ〉や〈「空の駅」公園〉が整備されている。ただ、公園内に、鉄橋時代の橋梁の一部が展示されており、ロケ当時の面影をほんの少しだけだが残している。

この日は、雨だった。道の駅に車を停め、降りしきる小雨のなか、傘をさして橋梁の下を流れる長谷川に沿って歩いてみる。目をあげると4本の巨大なコンクリートの橋脚に支えられた余部橋梁が、川の上流に目をやると細長い白布のような山霧がその中腹を流れているうすぼんやりとした山脈が、そ

余部橋梁。右奥に鉄橋の橋脚が

して下流に架かる朱色の弁天橋の向こうには日本海の荒波が……。
夢千代の心情を映すかのような光景を、今、眺めている。

（取材日／平成27年4月9日、10日）

# 「ふたりのイーダ」

岡山県岡山市、赤磐市、瀬戸内市

〈昭和五十二年春、玉柏にある岡山映画資料館に、プロデューサーの山口逸郎と監督の松山善三が突然来館した。二人は「ふたりのイーダ」のロケ地を求めていた〉。

これは岡山文庫の「岡山の映画」（松田完一著、昭和58年、日本文教出版刊）で、「ふたりのイーダ」の岡山ロケについて書かれている冒頭の文章である。（注／昭和五十二年というのは松田さんの記憶違いで昭和五十一年）。その後、岡山でのロケが決まり、最初のロケ場所が、松田さんが館長をしていた岡山映画資料館の目の前にあるJR津山線の玉柏駅（岡山市北区）だったこと、資料館が出演者やスタッフの休憩場所として使われたこともあったせいか、この映画の岡山ロケについては5ページに亘って詳述されている。このロケ見聞記を読んだとき、そこに記されている岡山県内のロケ地を訪ねてみたかったが、「ふたりのイーダ」は、映画化に賛同した人達からの資金提供を受けて制作された自主製作だったこともあるのか、VHS、DVDは発売もレンタルもされておらず、ロケ地散歩は諦めていた。

平成28年5月27日（金）、その映画「ふたりのイーダ」をDVDで鑑賞する機会に恵まれた。きっかけはこうである。

祖父母の家があった御津町中山の集落

私が入会している〈ムービー　赤磐〉の例会で、ある日、会員の藤井敏晴さんから「〈ふたりのイーダ〉をもう一度ぜひ観たいと思っているんですが、何かいい方法はありませんかね」との相談を受けた。なぜ？　と尋ねると、今、私たちが住んでいる赤磐市（旧赤磐郡山陽町）でロケが行われたこと、当時、地元の医院で看護師をされていた藤井さんの奥さんが出演されたこともあって撮影を見学したこと、原爆の悲劇をテーマにした映画で、公開時には岡山の劇場で観賞したが、どうしてももう一度観てみたいとのことだった。賛同した会員の石原憲司さんや表﨑正一さんらがすでにいろいろと調査し、広島市映像文化ライブラリーが35ミリのフィルムを持っていることもわかったが、鑑賞できるまでには至っていなかった。私も独自に、上映会を実施している団体などにあたってみたがうまくいかなかった。そこで私たちが出した結論は、「ふたりのイーダ」のプロデューサーに直接連絡してみるということ。藤井さんが手紙を出しお

小学校４年生の相沢直樹（上屋建一）と3歳になる妹のゆう子（原口祐子）は、夏休みを利用して祖父・須川利一郎（森繁久彌）、祖母・菊枝（高峰秀子）の家に遊びに行く。雑誌記者の母・美智（倍賞千恵子）も一緒だったが、美智は２人を祖父母の家まで送り届けるとすぐに広島へ取材に出かける。東京から母の故郷にやってきた直樹は、ゆう子と一緒に夏休みを楽しんでいたが、ある日追いかけていたアゲハチョウに誘われるように一軒の荒れ果てた洋館に迷い込む。そこには「いない、いない、〝イーダ〟がいない……」とつぶやきながら歩き回る不思議な〝椅子〟がいた。びっくりした直樹は祖父母の家に逃げ帰るが、次の日、昼寝をしているはずのゆう子の姿がなく、もしかしたら、と、あの洋館に駆けつける。ゆう子は、洋館の中で〝椅子〟と遊んでいた！　〝椅子〟がゆう子に話しかけている。「ずっとずっと待っていた〝イーダちゃん〟が帰ってきてくれた」と……。ヒロシマの悲劇をユニークな視点で描いた意欲作。監督は、名作「名もなく貧しく美しく」の松山善三。

●昭和51年（１９７６）映画「ふたりのイーダ」プロダクション製作

●監督・脚本／松山善三、脚本協力／山田洋次、原作／松谷みよ子

●出演／倍賞千恵子、山口　崇、森繁久彌、高峰秀子、上屋建一（子役）、原口祐子（子役）、宇野重吉（イスの声）ほか

願いするると、個人で持っているＤＶＤがあるので、そういうことならお貸ししましょうとの返事があり、５月27日の例会で、藤井さん念願の映画を会員みんなで鑑賞することができた。これでやっと「ふたりのイーダ」のロケ地散歩が可能になったわけだ。

ちなみに、〈ムービー　赤磐〉（会長　広江寿彦）とは、映画の鑑賞と、郷土の歴史や自然をテーマにした記録映画の製作を楽しむグループで、赤磐市の山陽公民館を拠点に活動している。

## ＪＲ津山線の玉柏駅が花浦駅に

最初に訪ねたのは、すでに触れたようにＪＲ玉柏駅。「岡山の映画」では玉柏駅でのロケについては次のような文章で始まっている。

〈ロケ隊の一行四十余名が玉柏に来たのは暑い日だった。玉柏駅は〈はなうら（花浦）駅〉と改名され、倍賞千恵子が子供等を連れて、新幹線で東京から岡山に来て、又津山線に乗ってこの花浦駅に着くのを、森繁久弥と高峰秀子の夫婦が駅まで迎えに出るシーンからはじまった。（後略）〉

映画でも原作でも物語の舞台になっている花浦は、原爆が投下された広島市に近い山口県岩国市あたりだと思われるが、ロケは玉柏駅を皮切りに、祖父母の家は岡山市御津町中山の集落で撮影され、〝椅子〟が住んでいた洋館のオープンセットもその地に建てられた。このほか前述のように岡山市の北隣にある赤磐市にも足を伸ばしている。なぜこの辺りがロケ地に選ばれたのかはわからない。「岡山の映画」ではロケハンに来たプロデューサーと監督が〈この辺りが気に入った〉としか書かれていない。

ＪＲ津山線玉柏駅の１番ホーム

宇野バスの〈大原橋〉停留所で降り、歩いて玉柏駅へ。4～5分の距離だ。訪ねたのは梅雨入りしてすぐの6月初旬のある日。民家の周りにはアジサイがそこかしこに植えられており、うす緑や真っ白な花が重そうに風に揺れている。駅は、今、無人駅。駅舎の前に猫が1匹、そしてもう1匹。2匹で入口を守っている。待合所もガランとしている。人っ子一人いない。天井に蛍光灯。よく見るとそこにツバメの巣が。生まれたばかりの赤ちゃんだろうか。ムクムクとした羽毛に包まれるようにして小さな頭が見えている。

〈ご使用済みの切符あるいは運賃をこの箱にお入れください〉と書かれた運賃箱がある改札口を通ってホームに出てみる。須川利一郎（森繁久彌）と菊枝（高峰秀子）が、娘の美智（倍賞千恵子）、孫の直樹（上屋建一）、ゆう子（原口祐子）を迎えに駅まで出てきて3人を待っていたのは1番ホームである。

「遅いなあ。まあ待ってる気持ちも悪うはないが……」

「遅れとるんじゃなあ」

「来た！」

「来た！　来た！」

じいちゃんは、ステッキを、ばあちゃんは日傘を振り上げながらホームを走る。

近づいてくる列車の窓から「じいちゃん！　ばあちゃん！　と声を張り上げる直樹とゆう子。

映画のシーンを思い出しながら1番ホームに行ってみる。〈はなうら　花浦〉だった駅名表示は、〈玉柏　たまがし〉に。〈はなうら〉駅のホームの向こうに広がっていた緑いっぱいの水田のあった場所には、今は民家が軒を連ねている。

「岡山の映画」での「ふたりのイーダ」岡山ロケ見聞記の最後は、〈今、玉柏駅に立つと、あの日のロケのざわめきが遠い潮騒の様に聞こえてくる〉という文章で締めくくられている。

玉柏駅前にあった「岡山映画資料館」は今はなく、松田さんも平成18年に亡くなっている。

待合所に戻ると、少し前に到着した岡山行きの電車から降りてきた女子高生が2人、ベンチに座り込み、おしゃべりを楽しんでいる。ガランとしていたうす暗い待合所が少し明るくなったようだ。

なお、松田さんと「岡山映画資料館」については拙著「瀬戸内シネマ散歩」(平成21年、吉備人出版刊)で紹介しているのでご参照ください。

## 祖父母の家は岡山市御津町中山にあった

花浦駅で降りた母子3人と出迎えた祖父母の5人は、タクシーに乗って祖父母の家に向かう。原作では、〈祖父母の家は花浦駅から車で20分ばかりのところにあった〉となっているが、祖父母の家がある場所としてロケの行われた岡山市北区御津町中山の集落も、玉柏駅からちょうどそんな距離のところにある。

中山の集落で行われたロケを見学したという藤井さんが、40年ぶりに現地を訪ねてみたいとのことで取材の初日は2人で。

花浦(玉柏)駅前から5人を乗せたタクシーも走ったと思われる旭川右岸の狭い道を藤井さんが運転する車はゆっくりと走り、国道53号へ。突き当たったところで左折し、約2キロ南下すると左手に中山の集落が見えてくる。岡山の市街地からは53号を約20キロほど北上したあたりである。

御津町中山は、金山の北西麓にあり、緩やかな山の斜面に集落と田畑が散在する戸数40数軒の村である。ロケのあったのは、今から40年前。集落の様子も変わっている上、藤井さんの記憶も薄れている。入り組んだ狭い坂道を行ったり来たりしてやっと祖父母の家として撮影された民家と荒れ果てた〝洋館〟のオープンセットが建てられていた場所を確認する。そのあと、ロケの事を憶えていた人に会い、次回の訪問時での取材をお願いしてその日の下調べは終った。

10日後、再び、中山へ。今回は私1人。妻の車で国道53号にある中山のバス停まで送ってもらい徒歩で集落へ。背後の山にむかって集落の間をゆるやかな坂道が何本も伸び、その坂道をまた何本かの狭い道が繋いでいる。道と道の間に民家が建ち、階段状に折り重なるようにして山に向かって広がっている。

田植えの終わった水田を眺めながら、先日お会いした楢原尚昌さん（70）を訪ねた。

「ロケのあった時には監督も来られて説明会がありました。撮影は、2週間ぐらいはかかったと思います。よく憶えているのは、夕立のシーン。当時私は仕事のかたわら消防団員でしたが、団員8人全員が出動して消防車を使って放水し、夕立のシーンを撮影したんです。確かその日は日曜日で、団員全員が参加できたんだと思います」と懐かしそう。

古びた洋館のオープンセットが建てられていた場所

藤井さんが撮影した洋館のオープンセット

祖父母の家から飛び出して孫の直樹とゆう子が下着だけになり、突然の夕立を友達にしてはしゃいでいる映画のシーンが思い出される。

〝イーダ〟が帰ってくるのを待ち続けている不思議な〝椅子〟が住んでいた荒れ果てた〝洋館〟のオープンセットが建てられていた場所に行ってみましょう、という楢原さんに付いて坂道を上っていく。入り組んだ道をスイスイと歩いていく楢原さんの背

この坂道の左手に祖父母の家があった

中を息を切らしながら追いかける。三角屋根の上に風見鶏が乗っていた古びた〝洋館〟のあった場所は、集落の一番上、山懐に抱かれたようなところにあった。先日、藤井さんがここだと言った場所に間違いなかった。もちろん、その〝洋館〟は今は消えて無くなっている。

そのあたりは雑草に覆われてはいるが、しっかりとした石垣が見え隠れし、上に向かって何段も築かれているようにみえる。多分、以前は棚田状の畑作地だったのだろう。

楢原さんとはここでお別れし、〝洋館〟のあったあたりを歩いてみる。いや探検してみるといった方がいいのかも知れない。1段目の石段があるところは、背の高い雑草に覆われている。2段目には池。3段目の栗の木が生えているところに〝洋館〟。4段目は、今はまだ幼い竹林ともう一つの池。

膝の上まで伸びた雑草の中に顔をのぞかせている鮮やかな朱色の花をつけたアザミを踏みつけないようにして4段目にある小さな池の堤防の真ん中あたりまで歩いていく。視界が開け、眼下に広がる中山の集落を眺めながら〝洋館〟で起こった様々なシーンを思い出す。

あの日、広島に行ったまま帰ってこない〝イーダ〟をここで待ち続けていた〝椅子〟、そこに紛れ込んできたゆう子を〝イーダ〟だと思い込んでしまった〝椅子〟、そのゆう子を探しにここにやってきた直樹……。彼らがいろんな思いを込めて動き回ったこの場所は、原爆の悲劇を子供たちに語り継ぐ場所でもあったのだ。

下り道は楽だ。雨上がりの山水が、坂道の脇に作られた水路を軽やかな水音を聞かせながら流れている。祖父母の住む家として撮影された山河さんの家も坂道の脇にある。松山監督が、当時は藁屋根だったというその家の雰囲気が気に入って祖父母の家として撮影された山河さんの家も、今はきれいに建て替えられ、ロケ時の面影はない。

楢原さんによると、かって新聞に〈トンネルを抜けると銀屋根の集落がある〉と書かれた中山の集落も藁屋根から銀屋根のトタン葺き、そして今は、ほとんどの民家が立派な瓦葺きの屋根をもった家になっている。家だけではない。斜面に広がる集落だけに家屋を支える石垣も見事なものだ。2人の孫に食べさせるために大きなスイカを両手にもって走っていた菊枝おばあちゃんの背後に映っていたのもこの石垣だった……。

藤井さんがロケ場所を探すのに苦労したのも無理はない。あれから40年という時間が流れているのだから。

中山のロケ地取材で残念だったのは山河さんの話が聞けなかったこと。いつかぜひ当時の思い出などをお聞きしたいものだ。

この辺り（？）をおばあちゃんがスイカを持って……

## 直樹を診察した本城医院は今……

〝洋館〟の中で〝椅子〟と仲良く遊んでいるゆう子。そして、〝椅子〟は、ゆう子に「イーダちゃん、ここは君のお家だよ。よく帰って来たね」と嬉しそうに話しかけている。ゆう子を探しに来た直樹は、びっくりして無理やりゆう子を連れて帰る。その夜、直樹は夢にうなされ、翌日、高熱を出して寝込んでしまう。あわててじいちゃんの利一郎は医者を迎えに医院に駆け込む。

「先生、はよー！　はよー！　孫が熱を出しとんじゃ！」

白衣の医師と看護師を連れて医院の門を出ていく利一郎……

医院として撮影されたのが赤磐市穂崎にあった本城医院。現在は閉院し、医師の居宅も無くなっていると聞いているが、訪ねてみることに。

私の住んでいる赤磐市山陽の真ん中を走っている幹線道路を南下し、岩田の交差点を直進すると山陽自動車道の高架が見えてくる。高架をくぐると左手に、こんもりとした樹々に覆われた小山古墳が視界に入ってくる。墳丘の全長が54mの前方後円墳で5世紀末の築造と考えられているそうだ。古墳の向こうには火打山のなだらかな山容が広がり古墳を見守っている。この辺りの右手に広がる集落が穂崎地区である。古墳の横を通り過ぎると四つ角の交差点。左に行くと長尾、直進すると観音寺、右に行くと馬屋の案内がある。ここで車を降り、あとは徒歩。

路地の左手に本城医院が

右に折れてすぐ左。ゆるやかなS字を描いた路地道が伸びている。2〜3分進んだところでフィルムに残されている映像によく似た横道がある。横道の入口にある民家も一部板壁が新しくなっているが、その壁を支える石垣、隣家の土塀、道路わきの溝などから見てこの奥に本城医院があるはずだ。

横道に入る。道の突き当り右手に医院の跡があった。ロケが行われた医院は無く、蔵と書庫（?）、それに1本の柿の木が更地になった跡地に残っているだけだ。木板に墨黒々と書かれた〈本城医院〉の看板が掛かっていた表門ももちろん無くなっているが、門から居宅を兼ねた医院につながっていた石畳の道は残っており、雑草に覆われながら見え隠れしている。

ちなみに映画でも本城先生は医師役として本人が出演しており、当時医院で看護師をしていた藤井さんの奥さんもそのまま看護師役で出演している。

ロケのこと、医院が無くなった事情などを近くにお住いの小倉正章・睦枝夫婦に聞いた。「ああ、森繁さんが来られたあの映画ね。ロケも見物しましたし、映画が公開された時は、子供と一緒に岡山まで観にいきました。でも残念なことに10年ぐらい前だと思いますが、医院は、火事で焼失したんです。その時、先生は医院にはいらっしゃらなかったんですが、その後先生もお亡くなりになりました。でも、息子さんが3人おられ、神戸でお医者さんをされていると聞いていますす」。そういえば、医院の跡地の奥に残っていた書庫（？）と蔵の柱が焼け焦げたままになっていた。蔵の壁を覆っている蔦が、焼け跡を少しでも隠そうとしているかのようにへばりついていた……。

余談だが、私の2人の息子も幼稚園や小学校低学年の時、中耳炎や鼻炎でたびたびこの医院にはお世話になっていた。息子を連れていったのはいつも妻だったが……。そんな医院が、無くなってしまっている。姿かたちは変わろうとも、ほんの少しでも何かが残ってくれていれば……。時の流れの残酷さを感じながら感謝の想いを込めて跡地に一礼し、医院を後にした。

じいちゃんの利一郎に連れられて、本城先生と看護師の藤井さんは祖父母の家にやってくる。

「直樹くん、目をあけて、口をあ～んして。う～ん、風邪かな」

と、言いながら胸に聴診器を当て診察する本城先生と看護師の藤井さん。

更地になった医院跡

そんなシーンが撮影されたのは、御津町中山の山河さんのお家。前述のように山河さんに話が聞けなかったので、ここでは「岡山の映画」に書かれている松田さんの文章をほんの少しだが紹介しよう。

〈中山でのロケ。（中略）農家の座敷を一間、借り切って、そこにライトやら録音機を持ちこんで、足のふみ場もない様子。（後略）〉

山河さんの話を聞けなかったのは返す返すも残念だ。

藤井家の応接間に1枚のパネル写真が飾ってある。座敷の一間で本城先生が直樹の胸に聴診器をあて診察しているそばで、その様子を心配そうに見ている看護師の藤井さんと祖父母役の森繁久彌と高峰秀子が写っている。藤井さんによるとロケに同行していた地元の写真屋さんが撮ったものだそうだ。藤井さんご夫婦の思い出の1枚である。ロケは様々な形でいろんな人たちの想いを今に残している。

藤井家の応接間にある写真

## じいちゃんの勤務先は〈花浦農事試験場〉

じいちゃんの利一郎が勤めていたのは〈花浦農事試験場〉。

試験場の建物の2階で顕微鏡を覗いている利一郎。急に雨が降り出す。2階のガラス窓を開けて外を見ながら気象台に電話をする利一郎。

「東京から来とる孫がかわいそうにトンボ採りに行けんが！　明日？　明日の事はどうでもいいんじゃ。この後、雨はやむんかいの。それを聞いとるんじゃ！」

そして雨がやんだ後。おばあちゃんに電話をかけ、

「お～い、南の方を見てみい。きれいで大きな虹が出とるで。孫達にも見せてやれや」

「孫は今、昼寝中じゃ」

「何じゃ昼寝か。ほんならお前だけでも見ちょけ」

「虹より孫たちの寝顔の方がきれいじゃ」


こんなシーンが撮影された〈花浦農事試験場〉は、本城医院のあった穂崎地区から約1キロしか離れていない場所にある。それは旧高月村役場（赤磐市馬屋）。医院と同じくこの村役場も今は取り壊され、跡地を示す案内板だけになっているが、訪ねてみる。

この火の見櫓の向こうに

本城医院跡に別れを告げ、じいちゃんの勤務先に向かう。じいちゃんは自転車を乗り回していた。この辺りも自転車で走っていたのかな、などと考えながら県道馬屋瀬戸線を西に向かって歩いていく。馬屋の交差点に近づいた辺りの道沿い左手に朱千駄古墳がある。前述の小山古墳と同じく5世紀末の築造と考えられる前方後円墳で、規模は小山古墳より大きく墳丘全長は85m。後円部に長さ2m、幅1mの長持形石棺が置かれていたようで、銅鏡、勾玉などの玉類、刀剣などの金属器、それに名前の由来となった大量の朱が出土したという。

少し歩いただけで2つの古墳に出会ったが、この辺りは古代吉備文化の栄

高月村役場（「山陽町史」より）

西高月村役場の棟瓦

えた地であり、この2つの古墳以外にも、周囲1キロ四方の中に、吉備の3大巨墳の1つ両宮山古墳、森山古墳、廻り山古墳、和田茶臼山古墳があり、後述するが備前国分寺跡、備前国分尼寺跡もある。歴史好きにはたまらない絶好の散策道である。

たまたま、岡山県古代吉備文化財センターによる埋蔵文化財発掘調査が行われていた朱千駄古墳を通り過ぎ、右へカーブすると馬屋の交差点。交差点を渡ってすぐ左手に朱色が鮮やかな火の見櫓がある。櫓の背後に何もない長方形の草地が広がっている。草丈は短く手入れはされているようだ。ここに、〈花浦農事試験場〉として撮影された村役場があった。その場所には、〈遺跡　高月村役場跡〉の案内板が立っている。

それによると――明治41年、西高月村役場として建築されたこの建物は、大正5年の高月村への改称をへて、昭和28年、高月村・高陽村・西山村が合併し山陽町となるまで高月村役場として使用された。その後も山陽町の支所として使用されていたが、ロケ当時にはその役割を終え、建物だけが残っていたのでここに〈花浦農事試験場〉の看板が掲げられ撮影が行われた。その後、この建物は取り壊されたが、役場の棟瓦だけは、現赤磐市役所の隣にある〈山陽郷土資料館〉の入口に移築保存されている。右から左に〈西高月村役場〉の文字が浮き出るようにデザインされた文様瓦は、お見事としか言いようがない。

跡地の傍で草取りをされていた隣家のおばあちゃん・戸牧久子さん（80）に話を聞くことができた。「撮影があったことはよく覚えていますよ。何しろ、あの森繁さんが来られたんですから。ロケも見物しました。当時は役場の隣に食料品店があり、その店が森繁さんらの休憩所になり関係者の面倒をみられていました。もちろん、映画も岡山まで見に行きましたよ」。

跡地の奥は水路で仕切られており、水路に沿うようにして梅の木が数本植えられている。よく見ると、ほんの少し色づいた梅の実が葉っぱの間から顔をのぞかせている。先日、新聞で季節を表す七十二候のうちの一つに梅子黄《うめのみきばむ》という言葉があるのを知った。梅の実が色づき始めるころのことだそうだ。今日は6月15日。

櫓の横にはもう一つの案内板〈遺跡　古代山陽道高月駅跡〉が立っている。それによると、役場のあったところには、古代山陽道の高月駅があったという。

古代の山陽道は、大宝令（702年発布）に定められた日本国内唯一の大路で、京都から九州・太宰府へ通じる国道として政治的にも軍事的にも最も重要な路線であり、各所に駅が置かれていた。備前国には坂長、珂磨、高月、津高の4駅があったと奈良時代に記された「延喜式」に記載されている。当時の駅は、重要な交通手段であった馬の中継所、休憩所で現在の〝馬屋《まや》〟という地名から、この辺りが古代山陽道の高月駅跡と推定される、と紹介されている。

それを証明するかのような遺跡がこの高月駅跡のすぐ東にある備前国分寺跡と南側にある備前国分尼寺跡である。備前国分寺跡は、今も発掘調査と保存整備事業が行われており、その壮大な伽藍配置などが解明されつつある。

じいちゃんの利一郎が、農事試験場での研究の傍ら、かわいい孫のために自転車で走り回っていた穂崎から馬屋にかけて歩いてきた。40年前とははるか遠くの古代に思いを馳せながら……。

映画のラストシーンは、岡山県瀬戸内市の牛窓で撮影されている。
2人の子どもを祖父母に預け、仕事にあわせて広島市内の病院で被爆の後遺症が出ていないかどうかの検査を受けていた美智は、ひとまず陰性で一安心し、2人と一緒に海水浴を楽しんでいる。しかし、子供たちは大丈夫なのかとの不安は、これからも消えることはない。

ヒロシマの悲劇をユニークな視点で見つめたこの映画をぜひ観てほしいが、残念ながら、現在、DVDもブルーレイも発売されていない。しかし、児童文学という形でヒロシマを描いた松谷みよ子の原作（1969年、講談社刊）がある。「ちいさいモモちゃん」シリーズなどで数々の賞を受賞している童話作家松谷みよ子は、この「龍の子太郎」、「ふたりのイーダ」でも国際児童年記念特別アンデルセン賞を受賞している。映画では一部設定が変更されているが、ぜひ、お読みいただき、改めて原爆の悲惨さを感じ取り子供たちに語り継いでほしい。

（取材日／平成28年6月3日、8日、13日、15日、26日、平成29年5月31日）

藤井さんが撮影した役場でのロケ風景

故郷への熱い想いと優しいまなざし

#「UDON」

香川県坂出市、丸亀市、琴平町、まんのう町

## うどんブーム到来！　フェスティバルは、瀬戸大橋記念公園で

うどん県・香川のロケ地散歩は1泊2日。9月末、例によって妻の運転する車で瀬戸大橋を渡り、坂出北ＩＣで降りて、まずは坂出市番の州の瀬戸大橋記念公園へ。ここは、昭和63年、瀬戸大橋の開通を記念して開催された〝瀬戸大橋博'88四国〟の会場だった場所で、博覧会終了後は記念公園として整備されている。

最初になぜここかというと、夢敗れてニューヨークから香川へ帰ってきた松井香助（ユースケ・サンタマリア）が、バスを降りて久しぶりに故郷の土を踏んだ場所だからである。フィルムを見ると、香助のバックに南備讃瀬戸大橋が映っている。この角度でこの橋が映っている場所は記念公園しかない、と思ったのだ。

公園を取り囲むように走っている道をぐるぐる回り、見つけた！　彼が降りてきたバス停のあった場所を。橋台と橋梁、防波堤に沿うように一列に植えられている松の木……、映像そのままだ。違っているのは、バス停と赤いベンチ、それに〈ようこそ　うどんの国さぬき〉のデザイン文字と香川県の地図が入った大きなＰＲ看板が、今日はないこと。もともとバス停などない場所なのだから当然と言えば当然だが。それと、もう一つ、変

讃岐富士が見えるこの場所に〈松井製麺所〉があった

わっていたのは松の木。すっかり成長して、鮮やかな緑がバックの南備讃瀬戸大橋の真っ白な橋梁と見事なコントラストを見せている。少しむし暑いが通り抜ける海風は気持ちがいい。瀬戸大橋の高速道の下を走るJR瀬戸大橋線の下り列車がゴーゴーという音をたてながら岡山側からやってきた。

バス停のあった場所

記念公園内のマリンドームでもロケが行われている。バス停のあった場所からほんの少し走って駐車場に車を停める。公園の正面入り口まで戻って水の回廊を歩き、瀬戸大橋記念館の前を通ってマリンドームへ。マリンドームは、古代ギリシャ・ローマ時代の半円形劇場をモチーフにした木造のドームシアター。

ここでは、〈さぬきうどんフェスティバル〉の模様が撮影されている。

UDON うどん

世界中を笑わすコメディアンになると意気込んで渡米した松井香助（ユースケ・サンタマリア）だったが、結局、ニューヨークでのコメディアン生活はうまくいかず、故郷の香川に戻ってくる。故郷で松井製麺所を営む父の松井拓富（木場勝已）は、そんな息子を冷たく突き放すが、友人の鈴木庄介（トータス松本）らは温かく迎えてくれる。故郷で何をすべきか思い悩んでいた香助は、ある日、ひょんなことから宮川恭子（小西真奈美）と知り合い、彼女が働いているタウン誌に自分も就職し、うどんをテーマにしたユニークな企画を提案する……。香川県出身の本広克行監督が、故郷を舞台に自らのソウルフードでもあるうどんに関わる人と地域の温かい交流を描く。

●平成18年（2006）フジテレビジョン＝ROBOT＝東宝作品
●監督／本広克行　脚本／戸田山雅司
●出演／ユースケ・サンタマリア、小西真奈美、トータス松本、鈴木京香、小日向文世、木場勝已、要潤ほか
●DVD／発売・フジテレビジョン、ROBOT、東宝　販売・ポニーキャニオン

香川に帰ってきた香助は、〈タウン情報さぬき〉に就職し、同僚の宮川恭子〈小西真奈美〉らと讃岐のソウルフード〈うどん〉に着目した〈うどん巡礼記〉という連載記事をヒットさせ、うどんブームを巻き起こすことに成功する。その頂点となるイベントが〈さぬきうどんフェスティバル〉。うどん早食い競争、うどんの店当てやうどん値段当てコンテストなどが行われ大入り満員の会場は大盛り上がり。うどんブーム到来を象徴するイベントとなる。

イベント終了後、夕暮れの中、香助らスタッフだけが残っている。〈タウン情報さぬき〉の編集長大谷正徳〈升　毅〉が、ドームのステージの下で、みんな知ってるかな?と、話しかけている。「瀬戸大橋ができる前には、宇高連絡船が就航しとってな。その船の甲板にうどんの店があった。どこにでもありそうな普通のうどんじゃったが、うまくてな〜。まあ、これは食事じゃないんだな。故郷に帰ってきましたというあいさつ代わりの一杯じゃった。だからうまい!と感じさせたのかな。そんなうどんにこれからも出会いたいもんじゃ」と。

〈さぬきうどんフェスティバル〉が開催されたマリンドーム

私も何度か食したが、あの甲板で食べたうどんは、確かにうまかった。このひとことが書きたかったために、少し長い引用になってしまった。

編集長も帰った後、香助、恭子、それに香助の友人で地元の広告代理店に勤めている鈴木庄介〈トータス松本〉が、ステージの階段に座り込み、夕陽を浴びながらお互いの夢について話している。

恭子「私はね、自分の名前で本を出したいの」
香助「いいね。うどん巡礼記が評判いいのは、恭子ちゃんの記事のおかげだもの」
庄介「香助の世界中を笑わすという無茶な夢に比べたら実現可能や」
恭子、香助「庄介の夢は？」
庄介「俺？、ファーマーだよ。俺は農家の長男なんよ。いずれ農家を継ぐ。その前に少し好きなことをと思って代理店に入ったが、ここを出ていく気はない。ここを面白くていいところにしたい。だからこの故郷で頑張るんや。でもお前のおかげで今年の夏は面白かった」
香助「でも、終わりのない祭りはないからな……」

宇高連絡船のうどん、3人の若者たちのゆめ、を思い浮かべながら、ステージに上ってみる。きらびやかな祭りのセットは、もちろん全て無くなっている。博覧会から30年、ロケから10年、さすがに半円型のステージは組石の一部がくずれ、すき間から雑草が顔をのぞかせている。が、そのユニークな会場の雰囲気は博覧会当時と少しも変わらない。観客席に座って美しい瀬戸の海と瀬戸大橋を眺めると、まさに絶好のポジションにこのマリンドームを創ったなと納得できる。

アベックが一組やってきて客席に座り、ドームの屋根とステージの間に一幅の絵画のように広がる瀬戸大橋と海を見ている。話を聞こうと思いながら写真を撮っている間に、この2人、あっという間にいなくなってしまった。

ここに腰かけて、3人が夢を語り合った……

## 香助の実家〈松井製麺所〉は宮池の畔にあった

瀬戸大橋記念公園をあとにして、国道11号を西に向かう。川古交差点を左折し、次のロケ地に向かって車を走らせる。そこは、香助の父・松井拓富（木場勝已）が営んでいた松井製麺所があったところである。つまり、香助の実家だ。実家の製麺所は、この映画の撮影のためにつくられたオープンセットで、今は解体され、その場所は更地になっている。今日は、跡地を訪ねて、ということになる。

オープンセットは丸亀市土器町西2丁目にある〈宮池〉の畔に建てられていた。〈宮池〉の北側には〈十二社宮〉がある。目標は、その〈十二社宮〉だ。

交差点を左折してからの道は曲がり角が多いうえ狭い。前後左右に目をこらしていたナビゲーターの私。やっと見つけた、鎮守の森らしきこんもりとした緑の塊を。〈十二社宮〉の社叢はクスノキやクロガネモチの巨木があり、香川県の自然記念物になっている。

十二社宮

鳥居の前の空き地に車を停め、まずは、〈十二社宮〉にお参り。ここは、旧香《かわ》古《こ》村の産土《うぶすな》神だそうだ。参道の両側には、献灯の灯籠が列を作っている。曇り空でまだお昼だが、境内は薄暗い。が、私を包み込むようなこの空気の清浄感は気持ちのいいものだ。隋神門をくぐって拝殿の前に立ち、手を合わせる。

拝殿の横に階段がある。上っていくと目の前に〈宮池〉が。〈宮池〉は、貞享3年（1686）の史料にも記されている池で、現在も、ため池として地域の貴重な財産となっている。

社叢に沿うように池の土手道が横に真っすぐに伸びている。池の水面の半分は菱に覆われている。菱の葉の上ではアオサギだろうか、羽を休めている。水面から聞こえるピシッ、ピシッという音を聞きながら足を止め、左に目をやると讃岐富士と呼ばれる飯野山が曇り空をバックに優雅な姿を見せている。墨絵のような淡い薄緑の山容から目をそらし、土手道を右に歩いていくと、すぐ右手にコンクリートで固められた空き地があった。〈松井製麺所〉のオープンセットがあった場所だ。そこは、ロープで囲い込まれ、脇に〈映画　UDON　ロケ記念〉と書かれた真っ白な柱が打ち込まれている。

　跡地には、製麺所の間取りを示す書き込みがある。〈入口〉、〈玄関〉、〈製麺所〉、〈うどん店〉、〈土間〉、〈座敷〉、〈床の間〉、〈廊下〉などと。

　ちなみに、このセットは解体された後、一部は保存され、今、琴平町のある場所に展示されている。それはまた後で……。

〈松井製麺所〉の跡地

　跡地を背にして立ち、右手に目をやると、先ほど歩いてきた池の土手道が更に向こうまでつながっている。故郷に帰ってきた香助が、大きなバッグを肩にかけ、この道をとぼとぼと歩いてきたのだ。まだ幼い香助が、大きくなったら〈キャプテンうどん〉になるんだと父・拓富の後を追いかけながら話していた道でもある。このあたり、ロケ当時は大変な賑わいだったというが、今日は、静か。近くを走る車の音と時おり聞こえる犬やカラスの鳴き声、チッチッチという虫の声以外は何も聞こえない。

　池に目をやると、菱が途切れたあたりの水面に飯野山の逆さ富士が映っている。さっき見た逆さ富士はぼんやりとしていたのだが……。今は、午後1時前、曇り空の中、時間の経過とともに、様々な逆さ富士を見ることが出来そうだ。

　さて、実家に帰ってきた香助を迎える父・拓富、姉の藤元万里（鈴木京香）・

夫の藤元良一（小日向文世）夫婦、店員の馬淵嘉代（二宮さよ子）らは、というと……。

　松井製麺所のうどん店の中。みんなが香助のうわさ話をしている。「ニューヨークでコメディアンになると言って出ていったけど、何しとるんじゃろ」「噂も聞かんから、大したことないんじゃない」などと。そこへ香助の後輩でタクシーの運転手をしている水原保（永野宗典）が駆け込んでくる。彼はバスから降りてくる香助を見かけていた。「香助先輩が帰ってくる！」。ちょうどその時、香助が店の外でうろうろしている。それを見た姉夫婦や店のみんなが「入るタイミングうかがっとるんやわ。待ち構えるんじゃなく、自然に迎えてやろう」と話し合う。そこへ香助「ただいま、いやあ久しぶり」と顔を出す。みんなで、びっくりしたように「おお、香助ちゃん」。姉の万里も「香助！お帰り」と迎える。

香助が帰ってきた道。池の向こうに讃岐富士

　どこかで見かけた光景ですよね。そう、「男はつらいよ」で柴又に帰ってきた寅さんを〈とらや〉の面々が迎えるシーンと同じですよね。香助が寅さん、万里がさくら、良一がさくらの亭主・博、そして運転手の保が、さしずめ寺男の源公ですかね。

「踊る大捜査線」の大ヒットで知られる本広監督が、うどん店の紹介などで見られる画面分割のテクニックなどそれまでの経験を生かした映像表現を駆使して完成させた「ＵＤＯＮ」だが、このシークエンスには「男はつらいよ」へのオマージュがあることは間違いないだろう。

　と、なると、おいちゃんは誰か。それは父の拓富。「何しに帰ってきたんか。ここには夢なんかない。ただ、うどんがあるだけだ。出戻ったやつに食わすうどんはない！」と突き放すのだが……。

映画「ＵＤＯＮ」は、反発しあいながらも心を通い合わす親子の情愛物語でもある。

〈松井製麺所〉の跡地の前に立っていると心に残ったシーンをいろいろと思い出す。

学校帰りの子どもが1人、窓から製麺所を覗いている。拓富、入口のドアを開けてネギをのせただけのうどんを一杯、子供に手渡してやる。「食ったら丼は、自分で洗って返すんだよ」と言って。

また、こんなシーンも。

拓富の突然死で、入口に出された〝休業〟の張り紙に子供たちが〈早く、松井のうどんが食べれますように〉、〈松井のうどんじゃなきゃダメ〉などと書き込んでいる。果てはノートをドアノブにつりさげて、再開のメッセージを書き込むようになる……。

跡地に別れをつげ、〈十二社宮〉の鳥居のある所まで続く〈宮池〉の土手道をゆっくりと歩き、車に戻る。そういえば、父の拓富は毎朝、打ちたてのうどんを車に積み、この道を走って小学校に配達していた。そのロングショットは、とてもよかった。こんなに美しい風景にはそうめぐり合えるものではない。

## うどん給食で子供たちの笑顔がはじけた城東小学校

拓富が、給食用に打ちたてのうどんを配達していたのは、丸亀市立城東小学校。

ここから、香助が子供たちの笑顔を……

〈宮池〉から北へ直線距離にして2㎞弱のところにある。放課後を見計って小学校を訪ねた。

城東小学校は、現在、636名の在校生のいる大規模校である。土器川に架かる丸亀橋の西詰めから堤防に沿うように下っている道を走って校舎の隣にある駐車場に車を停める。合田吉宏教頭に話を聞くことができた。

「ロケは、学校が休みの土曜日と日曜日に行われましたが、生徒たちはその日も大勢見物に来ていました。メインの撮影は1年生の教室を使って行われましたが、生徒役の半分は在校生がエキストラで出演しました。ロケの終了後、耐震工事をしたため校舎の雰囲気が少し変わりましたが、ほとんどがロケ当時のままです」などと話しながら3棟ある校舎のうち、一番南側にある1年生の教室に案内いただいた。


父の拓富が急死したあと香助は、姉夫婦や仲間たち、そして恭子らの応援を得て試行錯誤の上、何んとか父のうどんの再現に成功する。朝、香助と恭子は、そのうどんを小学校へ届ける。昼食の時間、久しぶりに松井のうどんを美味しそうに食べている子どもたち。休業中の松井製麺所に〈早く、松井のうどんが食べれますように〉と張り紙に書き込んでいた子どもたちである。

教室の外から笑顔の子供たちを見つめている香助。そして、教室の反対側の窓には父の拓富の顔が。顔をくしゃくしゃにして子どもたちの笑顔を見つめ「香助、ありがとな」というようににっこりと笑いながら後ろを向き廊下の向こうに消えていく拓富……。

ちなみに、今でも小学校では定期的に給食にうどんが出されている。

城東小学校のグラウンドの南の端にあるブランコと鉄棒のあるところでも印象に残るシーンが撮影されている。教頭先生の許可をいただき、その場所へ。

父が亡くなって改めて松井のうどんが子供たちに、そして地域に愛されていたかを思い知った香助が、小学校のグラウンドの端にある鉄棒に腰を預け、恭子と話している。

「親父が、給食のうどんを小学校に納品しているところを見たんだって」

「そう。他にも近所の学校や病院にもたくさん卸していると、先生が教えてくれた」

「親父のうどんはあの宇高連絡船のうどんだったんだな」

「そう、香ちゃんのお父さんのうどんはふるさとみたいなうどんだったんです」

「だから、それが突然なくなっちゃったから、みんなが……」

ブランコの向こうの鉄棒に腰を預け……

城東小学校では、うどんというソウルフードと親子の情愛を描いたこの映画のエッセンスがちりばめられた大事なシーンが撮影されている。

最後に、なぜこの小学校がロケ地に選ばれたのか先生に聞いてみた。

「実は本広監督の母校である城西小学校で撮影が行われる予定だったそうですが、ロケ当時、城西小学校は工事中で、こちらにお鉢が回ってきたと聞いています」。

そういえば、以前にも同じような話を聞いたことがある。映画「書道ガールズ!!わたしたちの甲子園」で、愛媛県の四国中央市を訪ねた時だ。実話に基づいて製作されたこの映画でも、実話の舞台だった三島高校ではなく土居高校でロケが行われているが、その理由は、三島高校が耐震工事中だったので、ということだった。（注／拙著「瀬戸内シネマ散歩Ⅱ」参照）。ロケ地を歩いているといろんなエピソードに遭遇するものだ……。

## 香助も歩いた丸亀市通町商店街

城東小学校を訪ねる前に、ぶらぶら散歩したのは丸亀市通町商店街。帰郷した香助が、〈タウン情報さぬき〉に就職が決まったと友人の庄介に携帯電話で報告しながら商店街を歩いているというシーンがここで撮影されている。

JR丸亀駅から南方向に伸びている商店街だが、今日は、ウイークデーの水曜日で時間は午後2時。人通りは少なく、シャッターが下りている店が多い。聞いてみると、通町商店街、水曜日は定休日だそうだ。

金毘羅参りの船の玄関口として栄えた丸亀だけに、通りをのんびり歩いていると、〈こんぴら湊〉とか〈まるがめ街道〉と書かれた石柱や路地の奥には格子窓と白壁の風情のある民家を見ることもできる。商店街の左右には、電話中の香助のバックに映っていた〈かどや〉や〈Hush Puppies〉という店の看板も確認できる。〈秋寅の館〉もある。地元出身の実業家・秋山寅吉が大正末期から昭和初期にかけて建立した「秋山寅吉商店」の建物だが、戦中戦後の混乱期を経て現在は〈まちの駅〉として地元の人や観光客の憩いの場となっている。そのユニークな色あいの館は、歴史的建造物が数多く現存するこの地域でもひときわ

秋寅の館

わ異彩を放っている。

定休日の店が多い中で、〈宮脇書店 丸亀店〉は営業中。香助が店長（温水洋一）と〈タウン情報さぬき〉を「置いてくれ」「売れない本は置けないよ」などと丁々発止やり合った店だ。

店員の山下純子さんの話。「ロケの時は、お客さんには外に出ていただいて撮影が始まりました。温水さんは、その時、店長がしていたエプロンをそのまま借りて使っていました。ユースケさんは、イメージしていたそのままの感じで、本とかCDを買っていただきました。温水さんは、おっとりとしていて面白い方でした。とにかく、スタッフの多さにはびっくりしました」。

商店街の衰退が叫ばれて久しい中、各地で様々な取り組みがなされている。ここ通町商店街も例外ではないようで、活性化への試みが、通りのそこかしこで見受けられた。〈秋寅の館〉での秋寅寄席、〈みたからの市〉などのイベントを知らせるポスターが各所に貼ってある。今度は、定休日ではなく、イベントなどで賑やかな通町に来てみたいものだ。

宮脇書店丸亀店のカウンター

## 松井製麺所は、宮池の畔から金毘羅さんの参道に

丸亀市内に一泊し、翌朝、向かったのは琴平町。撮影終了後に解体された松井製麺所のオープンセットの一部が保存されている〈うどん茶屋 てんてこ舞〉を訪ねる。金毘羅さんの表参道沿いにある〈うどんの中野屋グループ〉の店である。アポもなしだったが、中野吉貫社長にお会いでき、取材の趣旨を伝えると、それはご苦労様、ということで担当の方に案内いただいた。

解体されたセットは、〈うどん茶屋 てんてこ舞〉の2階に移設されていた。〈てんてこ舞〉は、もともと〈備前屋〉という旅館だったが、平成20年、中野屋が買収し、その旅館の一部をそのまま残し、1階をセルフうどんの店〈てんてこ舞〉に、2階にセットを移設した。

うどん店の奥にある〈UDONミュージアム〉はこちらへの案内に従って階段を上り、2階へ。セットは、旅館の時の部屋をそのまま残し、部屋ごとに松井製麺所の各パートが移設、展示されている。

一番手前の部屋は、製麺所ではなく〈TJさぬき編集室〉が。入口では映画のビデオが流れており、出演者の衣裳、台本、ロケの写真パネルなどが展示されている。次の間は、松井家の居間、その次の間は松井製麺所、次はうどん店〈食堂〉と当時のままの姿で残されている。

このセットを見ていると、親子の確執と和解、弟を思う姉夫婦、松井のうどんを愛する子どもたちと地域の人々など思いのこもった様々なシーンが自然と脳裏に浮かんでくる。映画をご覧になった方は、掲載の写真を見ていただき、うどんを愛した人たちのドラマをもう一度思い出してください。

それにしても、中野屋グループさん、よくぞ、残してくださった。ありがとうと申し上げたい。なお、このセット、見学したいと申し込めばOKとのことです。

セットが移設された〈てんてこ舞〉

〈UDONミュージアム〉入口

ＴＪさぬき編集室

松井製麺所

台所

居間

## 奇跡の始まりは、まんのう町にある〈三嶋製麺所〉からだった

映画「ＵＤＯＮ」のロケ地散歩、最後はやっぱりうどん屋さん。映画の中では、香川県内で人気のうどん屋さんが、その店の特徴やエピソードを交えながらテンポよく紹介されているが、私が最後に訪ねたのは、まんのう町にある〈三嶋製麺所〉。ここは、ひょんなことから故障した車の中で一夜を明かした香助と恭子が、翌朝、必死の思いで森の中から脱出し、やっと見つけた一軒家がこの製麺所だった、という設定で登場するうどん屋さんである。

2人、煙突から煙がたなびく田んぼの中の一軒家を見つける。中を覗くとおばさんがうどんを打っている。

「あの、すみません。うどん、食べられるんですか?」

「熱いの、冷たいの、どっち?」

「じゃ、熱いの」

「10分ぐらいかかります。お待ちください」

「はい、お待ちどうさん。お醤油と卵とネギを入れて食べてね。今日は、天気がいいから外で食べても気持ちいいよ」

外で食べる2人。うまい!

ここで、こんなナレーションが入る。〈あとから思えば、その朝食べたうどんが、すべての奇跡の始まりでした〉と。ニューヨークから帰郷したばかりだった香助にとって、そのうどんの味は格別だったのだろう。


〈三嶋製麺所〉はナビを使ってもなかなか手ごわい場所だった。通りかかった人に聞いてみる。「ああ、あそこ。ほら赤い色の自動販売機があるあの家ですよ」。そこは、一度ほど通り過ぎたところだった。看板も無く、ごく普通の一軒家だった。これでは、通り過ぎるのも仕方ない。おじさんが2人、出てきた。聞くと、満濃にある温泉に入ったあとうどんを食べに来たという。うどん屋さんに間違いないようだ。

映画でも出演している〈三嶋製麺所〉の三嶋アキミさんの話。

〈三嶋製麺所〉全景

〈三嶋製麺所〉の入口。ここで、2人が熱いうどんを……

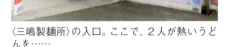

「うん、店は、あの時とほとんど変わっていないよ。でも、あれから外で食べやすいように庇を取り付けたのとテーブルをその下に置いたのが新しいといえば新しいかな。それと、入口に絵が書いてあるでしょ。あれは、今、このあたりで行われている〈かがわ・山なみ芸術祭〉に出品しているフランス人の画家さんが書いてくれたんだ。よくうどんを食べに来てくれた人でね」。

せっかくだからと妻と2人、冷たいうどんを注文した。香助と恭子と同じように卵にネギを入れ、醤油をかけておいしくいただいた。代金は、うどん140円、卵30円、2人合計で340円。

松山市から食べに来たという若い2人連れにバトンタッチして奇跡の始まりだったこの店にさよならし、1泊2日のロケ地散歩のラストとした。

（取材日／平成28年9月28日、29日）

# 「種まく旅人〜夢のつぎ木〜」

岡山県赤磐市、岡山市

## 彩音の夢が夢の中で実現した赤磐市中央公民館の舞台

赤磐市が全面協力した映画「種まく旅人〜夢のつぎ木〜」は、平成28年11月5日（土）の全国公開を前に10月22日（土）から岡山県で先行公開された。残念ながら赤磐市には映画館がないため、岡山市、倉敷市にある5つの映画館で上映された。そのため市では、映画鑑賞のためのチャーターバスを出すなどの便宜を図ったが、地元でロケの行われた赤磐市内で映画を観たいという市民の声にこたえて、全国公開終了後の平成29年2月、市内5か所で合わせて8回、上映会が行われた。私は、先行公開中の10月27日（木）、倉敷市の〈MOVIX倉敷〉で鑑賞していたが、2月26日（日）、もう一度観てみたいと、赤磐市中央公民館での上映会に行ってみた。上映開始の20分前に会場に入ったが250あるという席は満杯で補助いすが出される盛況ぶりだった。

その後も市では、赤磐市を、赤磐の桃を県民に、そして全国にPRするためロケ地マップを作成するなど様々な試みを続けている。その一環として3月18日（土）に行われた「種まく旅人〜夢のつぎ木〜」のロケ地を巡るバスツアーに私も加わり参加者の皆さんと一緒にロケ地を歩いてみた。赤磐市は、現在、私が住んでいると

桃の花が満開の鴨前地区

ころである。

　岡山駅西口を9時に出発したバスは、赤磐市役所に9時40分に到着、ここで赤磐市からの参加者と合流、合わせて17名のロケ地巡りがスタートした。

　最初のロケ地は、市役所に隣接する赤磐市中央公民館。上映会が行われたあの場所である。ここでは、次のようなシーンが撮影されている。

上映会が行われた中央公民館

「ザ・ドリーム　スター誕生」という舞台で初めて主役を演じる片岡彩音（高梨　臨）が〝川の流れのように〟を熱唱していると、なぜか舞台下手から大きな桃がドンブラコ～と流れてくる。すると、突然桃が2つに割れ、桃太郎の格好をした彩音の上司・岩渕源太郎（津田寛治）が〝桃から生まれた桃太郎〟とうたいながら飛び出してくる。私が主役の舞台になぜ上司が?、と叫んだところで目が覚めた。彩音は夢を見ていたの

種まく旅人
夢のつぎ木

8年前、片岡彩音（高梨臨）は、女優になる夢をかなえるため、兄・悠斗（池内博之）に見送られ、故郷の赤磐から上京した。彩音の実家は桃農家で、両親が亡くなった後、兄が跡を継ぎ、桃の栽培に取り組んでいたが病に倒れ、帰らぬ人になってしまう。彩音は、兄がつぎ木に成功した桃の新種〈赤磐の夢〉の品種登録を夢見ていたことを知り、悩んだ末に自分の夢を諦めて故郷に帰り、市役所の職員として働きながら〈赤磐の夢〉に挑戦する。そんな時、農林水産省の役人・木村治（斎藤工）が、桃栽培と農家の現況をレポートするため、東京からやってくる……。桃の特産地である赤磐市が、市制10周年記念事業の一環として誘致した。

●平成28年（2016）「種まく旅人」製作委員会作品
●監督／佐々部清　脚本／安倍照雄
●出演／高梨臨、斎藤工、池内博之、津田寛治、海老瀬はな、安倍萌生、永島敏行、井上順ほか
●DVD／発売・エネット　販売・TCエンタテイメント

だ！

　女優になる夢を諦め、彩音は今、市役所の職員として勤務しながら桃農家として頑張っている。


　中央公民館の入口、そしてホールにはロケの模様が撮られたたくさんのパネル写真が展示されている。舞台には撮影で使用された桃の小道具も今日のツアーのために置かれている。そういえば、ここでの上映会の日、ゲスト参加の佐々部清監督が、「オープニングシーンを撮影したこの場所に戻ってこられてうれしいです。皆さんが座っておられるその席で、〈ヨーイ！スタート！〉と叫んだことを覚えています」と語っていたのを思い出す。

　ツアーの案内役を買って出てくれているこの映画のプロデューサー秋枝さんに参加者から質問が相次ぐ。「映画の冒頭で、夢のシーンが出てきてびっくりしました。少し違和感を感じたんですが……」「このシリーズの前2作では、なかったんですが、今回、〈男はつらいよ〉に敬意を込めて夢のシーンをオープニングで入れました。ほら、寅さんの映画ではいつも寅さんが夢を見て……が、ありますよね。ちょっと大げさになっちゃったんですが、寅さん映画に関わっていた人が製作者にいたこともあり……」などの裏話もあってツアーは和やかな雰囲気ですすむ。

彩音の夢舞台は桃の登場で……

## 兄と彩音の〈赤磐の夢〉は、鴨前の桃畑に

　ツアーバスが次に向かったのは赤磐市鴨前《かもさき》地区の桃畑。「〈種まく旅人～夢のつぎ木～〉のロケ地・鴨前地区」

の案内板が立っている鴨前コミュニティハウスの前でバスを降り、広大な桃畑の中を貫くように走っている農道を歩いていく。彩音の兄・片岡悠斗（池内博之）が、そして今は彩音が新種登録を目ざして育てている〈赤磐の夢〉と名づけた桃の木は農道のすぐ近くにあった。

桃栽培と農家の現況をリポートするため東京からやって来た農林水産省の役人・木村　治（斎藤　工）と彩音との諍いやふれあい、バレーボールチーム・岡山シーガルズの選手として頑張っている妹・片岡知紗（安倍萌生）の悩みや葛藤、赤磐の人たちの優しい心など様々な人間ドラマがこの木のある桃畑で撮影された。

撮影後には抜き取られていた〈赤磐の夢〉と書かれた木製の名札が、今日のツアーのためか、その桃の木の根元に復活し、立てられている。桃農家の拝郷　等さんが、この木は、清水白桃という品種で、まだ5～6年生だということ、〝防蛾灯〟にスイッチをいれるシーンもこの木のすぐ近くで撮影されたことなどロケの裏話を参加者にしている。

〈赤磐の夢〉（3月18日撮影）

〈赤磐の夢〉（4月12日撮影）

〈赤磐の夢〉（6月8日撮影）

ちなみに拝郷さんは、この桃の木と桃畑を撮影用に提供した方である。拝郷さんの家は、今歩いてきた農道を挟んでこの桃畑のすぐ向かい側にある。秋枝さんによると「彩音の家は、桃畑に近いところにあるのがいい、という監督の要望で、結局、拝郷さんのご自宅を彩音の家として設定し、撮影しました」。

彩音（拝郷家）の家

後日、拝郷さんを訪ね、いろいろと話を聞くことができた。

「ロケ地に、ということで依頼のあった時、撮影時期が、清水白桃の収穫は終わっているものの、夢白桃や白麗はこれからという時でまだまだ忙しく、一度はお断りしたんですが、その後も製作会社の松竹や市役所の人が何人も来られ、ぜひに、ということで協力することにしました。暑い時でね。出演者やスタッフは大変でしたが、ちょうど桃の収穫の時期は、母屋も倉庫もクーラーをかけっぱなしにしているので、外での撮影の合間には涼しいところで休めると大好評でした。もうひとつ大変だったのは、桃の袋かけ。ストーリー上、収穫前の桃が必要ということで、近くの桃農家の人たちも手伝って収穫の終わった桃の木に袋かけをしたんです」などと話は尽きない。

## 巨大な桃のガスタンクが見つめる彩音の家

桃畑だけではない。前述のように、夢から覚めた彩音が早朝の朝もやの中、背伸びをしながら玄関から出てくるシーンを始めとして拝郷家も何度か登場している。この拝郷家初登場のシーンには、拝郷さんの奥さんが出演している。こんなシーンだ。

家を出て桃畑に向かう彩音。前方から荷車を押して作業着姿の農婦がやってくる。「おばちゃん、おはよう」「おはよう」とあいさつを交わしてすれ違う２人。

彩音、ふと、振り向くと、農婦、しんどそうにして腰を伸ばしている。彩音戻ってきて、「おばちゃん、任しとき！」と言って荷車を引き取り、押していく。「悪いね、彩音ちゃん」……。

彩音、治の２人を見つめていた桃のガスタンク

「女房の作業着は、ロケ前日に下見に来られた監督が、仕事中の女房の姿を見て、明日もその服装でお願いしますと言われ、その格好で出演してるんです」だそうだ。

拝郷家は、玄関周りだけでなく庭でも撮影が行われている。〈赤磐の夢〉の新種登録が不合格となり落ち込んで夢を諦めようとする彩音を慰め、立ち直らせようと近所の人たちが集まってのパーティシーンだ。みんなで助け合ってというこの映画のテーマのひとつがここで撮影されている。

玄関の表札が、片岡悠斗、片岡彩音から今まで通りの拝郷　等に変わっているのを確認し拝郷家を辞した。

ちなみにこの広大な鴨前地区の桃畑は鴨前大池の堤防まで伸びているが、この堤防の上でラストシーンが撮影されている。

桃の花が満開の鴨前地区。レポートをまとめ、東京に帰った治が、赤磐市制10周年記念式典に招かれ久しぶりに赤磐に来ている。文字通りの桃源郷を見下ろしながら堤防の上で彩音と治が話している。

「今年の花の付きは、どう？」

「うん、とってもいい。これならきっとおいしい桃ができるわ。私も、みんなが助けてくれるし、頑張っているわ。木村さんは？」

「あれからずっと農業の勉強をし直している。汗をかいた人がちゃんと報われる農政にするために。でも、むつかしい」

「お互い、頑張らなきゃ。木村さん、土に触れていますね。そんな手をしています」

2人、笑顔で握手する。池の向こうに見えている桃の形をしたピンク色のガスタンクが2人を見つめている。

## 彩音の桃を使って白桃酒を造っている酒蔵

〈赤磐の夢〉を確認したあと、再びバスに乗り、次のロケ地・室町酒造へ。室町酒造は鴨前地区に隣接する西中地区にある。鴨前からは歩いても行ける場所だ。ここは、彩音が栽培している桃を使って白桃酒を造ってくれている造り酒屋として登場している。

室町酒造は、創業300年を超える酒造会社で、地元産の雄町米を使った日本酒は、モンドセレクションなどの国際酒類コンテストで数々の受賞に輝く歴史のある酒蔵である。

出迎えてくれたのは、花房社長。造り酒屋のシンボル〝杉玉〟が揺れている事務所の前で、ここではどんなシーンが撮られたかを用意していただいた資料を基にお聞きし、撮影場所を順番に案内していただく。

室町酒造の事務所前

彩音が白桃酒の材料となる桃を運んできた場所、彩音の幼なじみでこの酒屋の若社長・高橋直輝（辻　伊吹）を治に紹介した酒蔵、直樹が酒質などを調べていた検査室などに加えて、今日は特別にお見せしましょうと、道路を挟んで向かいにある自宅へ。

自宅の応接間では、直樹の父で社長の高橋浩一（井上　順）が、白桃酒が東京でも評判がいいこと、彩音に直樹の嫁さんになってほしいこと、〈赤磐の夢〉の品種登録が不合格になったと報告に来た彩音を慰め励ますシーンなどが撮られている。

この室町酒造でも赤磐という地域とそこに住んでいる人々の思いやりと心意気が描かれている。

## 彩音が女優を夢みて上京した旅立ちの駅・熊山

映画の設定と同じように室町酒造では、桃を使った酒が造られている。私も500mlの〝清水白桃酒〟を1本購入してバスに戻り、次のロケ地へ。昼食を兼ねたその場所は、カフェダイニング「Ce・bon」（セボン）（赤磐市桜が丘西）。室町酒造から直線距離にして約2キロ北東の大規模団地〝ネオポリス〟の中にある。

ここは、彩音の義姉・片岡美咲（海老瀬はな）が営むレストランという設定。彩音と治、彩音と美咲の食事シーン、品種登録が不合格になってワインを飲みすぎ酔っ払ってしまう彩音のシーンなどが撮影された。

今日は、店はツアーで貸し切り。参加者全員で、映画の中でも登場した特別メニューのおいしい昼食をいただいた。

熊山駅

昼食の後、向かったのはＪＲ山陽本線の熊山駅（赤磐市千躰）。赤磐市役所から直線距離で約10キロのところにある。吉井川に架かる熊山橋を渡って左折し、ほんの少し走ると堤防を右に下りる道がある。その突き当りが駅だった。

駅は、旧熊山町（注／赤磐市は、平成17年赤磐郡山陽町、熊山町、赤坂町、吉井町が合併して出来た市）の中心部から約1キロ離れた場所にあるためか周囲に大きな集落はなく、後ろにある霊峰〝熊山〟と、前を流れる岡山の3大河川のひとつ〝吉井川〟に抱かれた静かなところにある。

この駅でも、鴨前の桃畑と同じように様々な人間ドラマが描かれている。

8年前の早朝。駅の改札口。上京する彩音を兄の悠斗が見送りに来ている。

悠斗、彩音に握り飯を渡しながら、

「東京に着いたら連絡してくれ」

「うん」

「家のことは心配せんでもええ」

彩音と悠斗、改札口を出る。こ線橋の階段の前で、

「兄ちゃん、ここでいい。ごめんな私だけ……」

「彩音、ここはどこだ。赤磐じゃ。一人じゃねえ。みんなが助けてくれる」

うなずく彩音。

彩音は、女優になる夢を追いかけ東京へ。一方、兄は、両親亡き後、天文学者になる夢を諦め、桃農家の後継ぎの道を選んでいる。そんな2人の心情が描かれた回想シーンだ。

駅の1番ホームではこんなシーンも。

東京からやってくる治を出迎えるため、市役所の職員・源太郎が1番ホームで待っている。列車が到着し、治が降りてくる。

「あのう、木村さんでいらっしゃいますか」

「はい」

「あ、よう来られました。私、農林課の岩淵と申します。まずは、市役所へ参りましょう。あ、お手洗いは？」

「大丈夫です」

「私は、ちょっと……」と言って、お手洗いに行く岩淵。

岩淵役の津田寛治がこの後も全編、コメディリリーフ役を引き受け、いい味を出している。

ツアーの参加者が一番盛り上がったのは2番ホーム。秋枝さんが、高梨臨と斎藤工が2人並んで座り、話していたのがこのホームのこの椅子なんですと指さし、説明してくれた時だ。映画の中で、2人はこの椅子に座ってこんな話をしている。

ホームの椅子に座っている治。そこへ彩音がやってきて、

「電車が着くのは、こっちですよ」

このホームのベンチで……

「あ、どうも」といって席を移り、彩音の横に座る治。

「まだ仕事ですか」

「いいえ、もう終わりました」

「僕も、今日は終わりです」

「今日は、どこに行かれましたか」

「農林水産総合センターに連れていってもらいました。桃っていろいろ種類があるんですね。びっくりしました。あ、すみません。早口で。クセなんです。特に、第一印象がすごくよかった女性の前では早口になるんです。これから岡山で、一緒に食事でもどうですか?」

「………」


2人が座っていたという椅子に、ツアーの参加者の中で唯一若者のカップルがいたので「お二人さん、そこに座って、座って」とけしかけ、写真を撮ってはみんなでワイワイいっている。

駅近くにある白陵中・高校生の通学時以外は静かな駅も、駅前の備前豊田簡易郵便局の人によるとロケのあった時は大勢の見物客で大混雑だったそうだ。

今日のこの時間も駅舎の中は静かだが、入ってすぐ右手の板壁に貼られているパネルに興味深いことが記されている。それによると、この駅のこ線橋は、明治45年に笠岡駅に設置されたが、昭和12年、瀬戸駅に移設。その後、昭和35年にここ熊山駅に再度、移設され、現在に至るまで現役で使用されているそうだ。確かに、こ線橋階段の

階段の両側には“鐵道院”の陽刻が

両側の鋳鉄製の柱には、〈鐵道院〉明治45年横河橋梁製作所の陽刻がある。近代化産業遺産、登録鉄道文化財に認定されているこのこ線橋を、駅を訪ねた際は、ぜひ目に留めていただきたい。

ツアーはこの後、西山ファーム（赤磐市仁堀東）まで足を伸ばしてのいちご狩りと赤磐特産品アグリ（赤磐市西軽部）でのお買物を楽しむ。私は、彩音がぬいぐるみに入ってPR活動をしていた赤磐市のマスコットキャラクター〝あかいわモモちゃん〟のイラスト入りボールペンを買い求め、今も取材で使っている。

治が桃など地元の特産物についての説明を受けるシーンが撮影されたおかやま果物市場（赤磐市五日市）を最後に訪れ、今日のツアーは終了した。

彩音がお参りした神社の拝殿

## 彩音が〈赤磐の夢〉の登録を祈ってお参りした神社

ツアーでは訪ねることが出来なかったその他のロケ地も歩いてみることに。

赤磐市山陽の自宅に近い疫隅《えすみ》神社（赤磐市河本）を訪ねたのは、6月8日。〈赤磐の夢〉が新種登録されるようにと、彩音がお参りしていた神社である。

大規模団地・山陽の東幹線道路を北に向かって進み、3丁目から5丁目に入ったあたりですぐ右手に下りる脇道がある。鎮守の森の樹々を左に見ながら歩いていくと鳥居が見えてくる。疫隅神社だ。鳥居の傍に神社のいわれが書かれた案内板がある。それによると、江戸時代には、祇園神社と呼ばれており、京都の八坂神社を勧請したものだが、明治初期からは、疫隅神社といわれ、祭神は素戔嗚尊《すさのうのみこと》。古くから疫病を防ぐ神様として信仰されている、と記されている。

祇園神社の額がある鳥居をくぐり石段を上っていく。上りきると両脇に狛犬。いわれ書きによると文政13年（1830）のもの。台座には分厚い苔がへばりついている。

正面に拝殿。ここで彩音が、そして後には彩音の願いを知った治が手を合わせてお参りしていたのだ。私もお賽銭をと思って、気がついた。賽銭箱がない。確かに彩音は、賽銭箱の後ろに願いを込めて桃の種をお供えしていたはずだ。

なぜ？と目を凝らすと格子戸の真ん中に小さな四角い窓があり、覗くと中に賽銭箱があった。お賽銭は、ここからどうぞ！ということらしい。なぜ？かは想像つくが、何んとも味気ない……。

ところで、この神社にお参りしていたのは彩音だけではなかった。彩音がお供えしていた桃の種の横に、なぜかいつも豚の形をした置物があった。それを置いていたのは彩音も知っている子供。彼は、豚の置物に願いを託さなければならないある悩みを抱えていた……。

３人が追っかけっこをした場所

ある日、神社でその子を見つけた彩音と治は、お参りの理由を聞き出そうとその子を追いかけるのだが、というシーン。

このシーンもこの鎮守の森で撮影されていた。そこは拝殿の右手、森の中の道なき道。境内から覗き込むように目をこらすと樹々のすき間に祠が見える。森の中に入り込み、祠の前を通り過ぎ、振り返ってみると拝殿が。祠の位置、拝殿……。ここに違いない。逃げる子供を追いかけて彩音が走っていったところは。

境内に戻り、本殿の方へまわってみる。末社の祠がいくつもある。稲荷神社、龍神社、荒神社、櫻神社、久保八幡宮などなど。龍神社の前には小さな鳥居があり、石燈籠には天明の元号が刻まれている。元文5年（1740）と棟札に記録されているという本殿に手を合わせ石段を下りていく。それにしても疫隅とは何んとも珍しい名前の神社ではある。

下り立ったところで立ち止まり、前を見ると、2人が子供を追いかけて走っているシーンと同じ風景が広がっている。鎮守の森での追っかけシーンの次のカットがここで撮影されていたのだ。なるほど。ただ、フィルムでは畑だった場所には、今日は、早くもソーラーパネルが設置されている。

## 彩音と治が初めて出会った場所は、幡降山・普門院

彩音と治が初めて出会ったシーンが撮影された幡降山 普門院（赤磐市山口）を訪ねたのは疫隅神社と同じ6月8日だが、ここは歩いていくには遠すぎて、妻に車で送ってもらう。

県道山口山陽線を北西方向に走り、県道御津佐伯線と分岐するところで左折し、集落の間を縫うように伸びている狭い道を、ナビに従って走る。ところどころの曲がり角には普門院への案内板がある。うねうねと上って行くと前方が開け、仁王門が視界に入ってくる。門の前で車を降り、後は徒歩。門を抜けると長い参道が真っすぐに伸びている。参道の両脇は桜並木が続いているが、今日は、6月。ゆるやかな上り道でちょっぴりきついが、薄紫の花を咲かせたアジサイが私を迎えてくれる。参道を上りきると右手に薬師門。ここにも、〈ロケ地／普門院　彩音と治の出会いの寺院〉の案内が出ている。

門をくぐるとその先に薬師院がある。この薬師院の前の境内で2人は初めて出会うことになるのだが、実は彩音はその前にここで亡き兄・悠斗の法事に参

彩音と治、出会いの場所

列していた。つまり、彩音は、喪服姿で治と初対面のあいさつを交わすことになる。

熊山駅で治を出迎え、市役所に向かって車を走らせている岩淵。

「途中、うちの職員を拾っていきますので」と治に言い、薬師院の前に車を乗り入れる岩淵。

法事を終え、薬師院から出てくる彩音。2人、お互いに頭を下げあいさつする。

見つめ合う2人。2人、後部座席に並んで座る。

法事が行われた薬師院の中

庫裏を訪ねると、住職の幡山寛念さんがご在宅で話を聞くことができた。

普門院は、奈良時代中期、報恩大師により開山したと伝えられており、幾多の変遷を経て、現在は、真言宗御室派の寺院。幡山さんは39代目の住職だそうだ。

「撮影は丸一日かかりましたね。高梨さん、斎藤さん、津田さん、海老瀬さんのほか、ここでは出番のない妹役の安倍さんも来られ、賑やかでしたよ。たまたま、その日は孫たちもおり、庫裏で役者さんとも遊んで楽しんでいました」。

法事のシーンが撮影された薬師院の中も案内していただく。ここではもちろん幡山さんも住職として出演されている。セリフもあった。

読経が流れる中、声をひそめて美咲と彩音が話している。

「知紗ちゃんは？」

「明日、試合だから練習中」

「そう」

「お願いがあるの。今夜、お義姉ちゃんの店に行ってもいい」

「食べにくるの。もしかしてデート？」

「違う、店の料理をネットに乗せたいから……」

住職、うるさいよ、といった様子で、2人をにらむ。

続いて、「焼香をお願いします」と住職。

立ち上がった彩音、足がしびれてずっこける……。

せっかくなので、両脇にツツジの花が咲いている石段を上り、高台に鎮座する本堂にお参りしたあと、住職にお礼をいい、普門院を後にした。

## 彩音たち兄妹の思い出の場所・竜天天文台

メインロケ地の赤磐市では市内の各所でロケが行われているが、最後に私が訪ねた場所は吉井竜天天文台（赤磐市中勢実）。ここでは、彩音が上京する前夜、兄の悠斗、妹の知紗、そして彩音の3人兄妹が天文台の巨大な望遠鏡で星空を見ながら話し合っている回想シーンなどが撮影されている。

今回も、市内とはいえ少し遠いので妻が運転する車で。県道27号を北上、仁堀中のT字型交差点を左折してすぐに右折、今度は、県道52号をナビに任せて走る。だんだんと上り坂になりS字やU字の山道になるが、水が張られた田んぼや民家も少しづつ見えてくる。天文台に到着。

ドアに〝どうぞ、あいています〟と書かれた手書きのボードがぶら下っている。それではと、スリッパに履き替え中に入って管理人の藤本さんにご挨拶。今日は曇り空なので天体観測の予定はなく、天文台の技術職の人はお休みとのこと。でも、趣旨を話すと、400ミリの反射望遠鏡のある場所に案内いただいた。ここで次のようなシーンが撮られたとは思えないほど狭い。

兄の悠斗、望遠鏡で星空を覗いている。

「予感がするんだな。今夜あたり新しい星を発見するかも……」

「もし、そうなったら、名前、何にするの？」

「もちろん、〈赤磐の夢〉さ」

「ダサイ！そんな名前」（妹）

「私は、いいと思うな」

「明日は、いよいよ、東京へ行くんじゃな」と兄。

天文台では、この他にも、彩音が地元の子どもたちに夏の星座について教えたり、子供たちに夢を叶えるためには、今から一粒、一粒、種を蒔かないとダメだよ、と教えるシーンも撮影されている。

撮影場所は、玄関を入ってすぐ右手にあるホールの一角。ここにはロケのパネル写真が数多く展示されてい

吉井竜天天文台

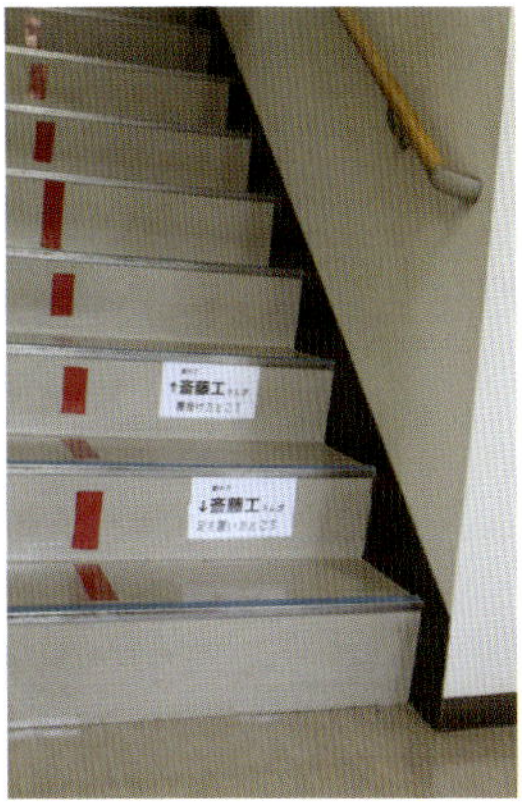

この階段を上ると巨大な望遠鏡があるのだが……

るが、何より印象に残ったのがホールの階段。そこにはこんなシールが2枚、貼られている。〝斎藤工さんが腰掛けたところ〟〝斎藤工さんが足を置いたところ〟。確かに、子供たちにいろいろと教えている彩音を、階段に腰を下ろしじっと見つめている治、というカットがあった。それにしても〝足を置いたところ〟までとは……。

ちなみにこの天文台では、プラネタリウムや観望会などいろんな行事が行われているが、開館日は週末の金・土・日。但し6月は梅雨の時期ということもあり、土・日のみ。今日は、土曜日。よかった！

望遠鏡のある階からドアを開けて外に出ると広々とした展望用ベランダがある。藤本さんによると、天気のいい日は瀬戸内海や小豆島が見えるそうだ。今日は、曇り空なのでそこまでは見えないが、視界は開け、霞んではいるもののかなり遠くまで山並みを見渡すことができる。民家もほとんど見当たらない。天文台がここにあることが頷ける光景が、眼下に広がっている。

ただ、ここは天文台だけではない。入口に、赤磐市竜天天文台公園とあったように、すぐ近くには、星空を見ながらキャンプを楽しめるオートキャンプ場があり、アウトドア派の若者や家族連れに大人気だそうだ。

## 彩音と治のラブシーンは、新岡山港で……

ここまで、赤磐市内のロケ地を訪ねてきたが、岡山市でも何か所かロケが行われている。最後は、この映画

フェリーターミナルのデッキ

で唯一といっていいラブシーンが撮影された新岡山港（岡山市中区新築港）で締めくくりたい。

今日も妻の運転する車で、新岡山港のフェリーターミナルへ。ここには平成23年11月、「八日目の蝉」という映画のロケ地として訪ねてきたことがある。（注／拙著「瀬戸内シネマ散歩Ⅱ」参照）。あたりの雰囲気は当時とほとんど変わりはない。売店や小豆島行きのチケット売り場のあるターミナルから海側にあるデッキに出てみる。「八日目の蝉」の主人公・秋山恵理菜（井上真央）がフェリーを待って座っていた白いベンチもそのままで、今日は、妻がそこに座っている。その手前には濃いブルーのベンチが小さなテーブルと一緒に幾つか並んで置かれている。ここで彩音と治がジュースを飲みながら話していた。

星が大好きで天文台で働くのが夢だった兄が、両親亡き後、私と妹を育てるために桃農家を継いだこと、だから今度は、私が桃を大好きになって、〈赤磐の夢〉の品種登録を実現させることなどと治に話している彩音。最後に「木村さんが赤磐に来てくれたのは、もしかして大吉かも。農水省からきっと登録合格の通知が届きます」。「いやあ、責任重大だな」と治。このシーンのあと、2人は疫隅神社にお参りすることになる……。

さてラブシーンだが、ターミナルのデッキのすぐ前、コンクリートの堤防が少しカーブしたあたりで撮影されている。

日暮れ時。〈赤磐の夢〉の品種登録がダメになり、酔っぱらった彩音が堤防の上をふらふらと歩いている。

彼女を下から手を差し伸べ、支えている治。

「優しいんですね。私、男の人と手をつなぐの久しぶり。もう5年ぐらい昔かな」

「彩音さん、桃、諦めるの」

「私、27歳。もう疲れました。〈赤磐の夢〉も兄ちゃんの星をさがすのも……。降ろしてください。木村さん」

両手で降ろしてくれた治に、そのまま抱きつく彩音。彩音、治に「キスとかしてみます」

彩音を抱きしめたまま治が言う。

「オレはダメな男だけれどつけ入るのだけはイヤだから」と。

その場所に立って周りを見渡す。穏やかな児島湾の海。前に横たわる高島。右手に桟橋。その手前に小型船〝第一きりしま〟が停泊している。向こうには児島半島が横に長く海に浮かんでいる。正午のサイレンがうなるのと入れ替わるように湾の向こうから大型フェリー〝おりいぶ丸〟が入ってきた。小豆島から乗ってきた車と人が降りてくる。その流れが途切れるのを見計らってターミナルを離れる。ここが恋人たちの聖地になることを祈って……。

（取材日／平成29年2月26日、3月18日、4月11日、6月8日、10日、11日）

恋人たちの聖地になるか？

男と女の哀しい愛とホットな戦い

# 「海峡」

岡山県笠岡市神島

## 主人公・阿久津の故郷は、岡山県笠岡市

昭和30年、〈青函トンネル〉工事の技術調査のため函館に赴任した阿久津（高倉健）に、上司の田部（大滝秀治）が話しかける。「君、関西だったかな？」「岡山です。瀬戸内海で泳ぎ、海賊に憧れていました」。

また、こんなシーンもある。本州側の竜飛の事務所に移った阿久津のもとに届いた婚約者・佳代子（大谷直子）からの手紙を見ると彼女の住所は、倉敷市新川町351になっている。

そして、この映画の監督森谷司郎は、中・高生時代を岡山県の金光町と笠岡市で暮らしており、映画の題字は、撮影当時、笠岡市に住んでいた書家・西井林亭が揮毫したものだ。ちなみに西井を監督に紹介したのは、金光学園時代、監督の1年後輩で親友だった御菓子司〈清月堂〉（笠岡市中央町）の大月泰志（83）だった。そんな縁からか主人公・阿久津の実家は笠岡という設定になっており、笠岡市神島でロケが行われている。「八甲田山」（昭和52年）、「動乱」（昭和55年）に続いて高倉健が森谷監督とタッグを組んだ「海峡」は、いろんな意味で岡山と関係の深い映画である。

昭和56年10月21日の山陽新聞笠岡・井原圏版に〈東宝映画「海峡」ロケで来笠　高倉 健に聞く〉という見出

〈日光寺〉のある丘の上から見た瀬戸の海

しの記事が掲載されている。それによると高倉 健の笠岡滞在は、わずか1泊2日。19日に笠岡を訪れ、20日早朝の神島ロケに参加したとある。現場では集まった数十人の見物客から健さん、健さんの熱いかけ声が飛びかかったという。

その健さんが、平成26年11月10日、83歳で旅立った。健さんを偲びながら笠岡市神島のロケ地を訪ねた。

## 〈日光寺〉の境内から眺める瀬戸の海

ＪＲ山陽本線で笠岡駅へ。駅前から神島循環バスの見崎経由線に乗る。神島は、かつては笠岡港沖に浮かぶ島だったが、昭和45年に島と本土を結ぶ神島大橋が開通、加えて平成2年に完工した笠岡湾干拓によって完全に陸続きとなった。

資料によると、ロケが行われたのは、外浦にある〈日光寺〉。開基は鎌倉時代にまでさかのぼるという真言宗の名刹で神島八十八か所霊場の第31番札所でもある。

バスの運転手のアドバイスで〈外浦〉の1つ先、〈支所前〉のバス停で降り、案内表示に従って歩いていく。寺は、小高い丘の上にあるようだ。墓地の間を抜け、傾斜のきつい坂道を上りきると目の前が日光寺。どうも裏道を上ってきたようだ。山門

大学で地質学を学んだ国鉄職員・阿久津（高倉 健）、青函連絡船〈洞爺丸〉の転覆事故で両親を失った成瀬（三浦友和）、トンネル掘りのベテラン岸田（森繁久弥）、竜飛岬で自殺を図り阿久津に助けられた女・多恵（吉永小百合）……。本州と北海道を結ぶ〈青函トンネル〉工事に、人生のすべてをかけて挑んだ男たちと彼らを支え、見つめる女たちの姿を描く。東宝創立50周年記念作品。

●昭和57年（１９８２）東宝作品
●監督・脚本／森谷司郎、脚本／井手俊郎
●出演／高倉 健、吉永小百合、三浦友和、森繁久弥、大谷直子ほか
●ＤＶＤ／発売・販売　東宝

小高い丘の上にある〈日光寺〉

が左手、奥のほうにある。

住職は不在だったが奥様の明護《あきもり》淑子さん（49）に話を聞くことができた。

束の間の休みを利用して実家に帰ってきた阿久津が、父・才次（笠智衆）と話し合っているシーン、そして婚約者の佳代子と一緒に亡き母と兄が眠る墓地を訪ねるシーンなど日光寺で撮影したと思われる部分をＤＶＤから抜き撮りした写真を見ていただく。

「２人が縁側に腰をおろして話している家は、うちの家ではないですね。今はありませんが、ロケ当時に境内にあった建物でもありません。墓地も写真に写っている卒塔婆をみると、真言宗の寺院の墓地ではないようですから、ここではありませんね。丘の上で海を見ながら２人が話し合っているシーンは、確かにここで撮影されたと思いますし、主人からもそう聞いています」と、淑子さん。

そうか、実家も墓地もここではないのか。

山門を抜け、２人も見ていたという海を見にいく。門の前の境内は庭園広場になっている。桜のつぼみは、まだ固く、小さいが満開の梅とスイセンの花が目を楽しませてくれる。園内には東屋も１宇あり、傍らには朱色の橋が架けられた小さな池もある。

広場から１歩、２歩と踏み出していくと視界が開け、目の前に瀬戸の海が広がっている。キラキラと光りながら動いている波の向こうに笠岡諸島の島々が、濃淡おりまぜて墨絵のように横たわっている。風は少し強いが海は穏やかだ。

阿久津と父、２人はこの瀬戸の海をバックにこんな話をしていた。

「母さんが生きとったらのお。お前が鉄道に勤めてうちに落ちついてくれたらどんなに喜んだか」

「うちに落ちつくわけには……。ぼくは、どうしても津軽海峡にトンネルを掘りたいんです」

「わかっとる」……

荒々しく厳しい津軽海峡の冬景色が観客席に押し寄せるスクリーンの中に、一幅の絵のように挿入された穏やかな瀬戸の海。監督の想いが伝わってくるシーンだ。

庭園の一角に歌碑がある。〈月と日の名におふ山に咲く梅の花の色香は久しかるらん　僧　月照の歌〉。歌僧として知られる月照もこの寺に来遊したのだろうか。ちなみに日光寺の山号は月照山である。

境内から眺める瀬戸の海の絶景をしばし楽しんだあと、今度は表参道（?）を下って〈外浦〉のバス停まで帰り、再び循環バスで笠岡駅へ。

## 栗まんじゅうの謎（?）

確認したいことがあるので、御菓子司〈清月堂〉を訪ねてみる。

駅前の大通りを市役所方面に向かって歩き、2つ目の信号を左に折れて

〈清月堂〉と〈清月堂〉のお菓子（左が栗まんじゅう）

進んでいくと右手に看板が見えてくる。駅から歩いて4～5分の距離だ。大月さんにお会いできた。

実は、取材前の情報では、大月さんは森谷監督に頼まれて撮影で使用するため店の栗まんじゅうなどのお菓子をロケが行われている日光寺に届けたそうだ。確かにフィルムには縁側で話している2人の前にお茶とお菓子が置かれている。しかし、日光寺の大黒さんである淑子さんによるとそのシーンは、日光寺ではないとのこと。となると、事前情報は？ということで、大月さんに聞いてみる。「いや、確かに監督に頼まれてお菓子を持って行ったことは間違いありません。おいしかった、ありがとう、という手紙も後日いただきました……」。

きっと何らかの事情で別の場所で撮り直しになったのだろう。

ここは謎は謎のままで置いておくことにしよう。


（取材日／平成27年2月18日）

# 男と女の哀しい愛とホットな戦い

# 「はやぶさ／HAYABUSA」

岡山県真庭市

## 川渕が「はやぶさ」の帰還を祈って訪ねた神社

川渕が訪れた中和神社

2003年5月に打ち上げられた「はやぶさ」は、2005年9月に、地球から3億キロメートルも離れた小惑星「イトカワ」に接近、同11月には着陸に成功し、帰還の途につく。しかし、燃料漏れ、エンジン停止、音信不通などさまざまなトラブルに見舞われて帰還が危ぶまれるが、その都度、トラブルを克服し、2010年6月、オーストラリアの砂漠に無事、着陸する。

7年間の苦難の旅を終え、地球に帰還した「はやぶさ」のニュースは、あっという間に世界中を駆け巡り、日本中を熱狂させた。映画「はやぶさ／HAYABUSA」は、この実話を基にしたもので、登場人物も実際の宇宙航空研究開発機構（JAXA）のスタッフ、関係者がモデルになっている。ちなみに、ヒロインで語り部役でもある水沢恵（竹内結子）は、この映画オリジナルの登場人物である。

さて、ロケが行われたのは真庭市だが、その場所というのは〈中和《ちゅうか》神社〉。宇宙を舞台にした映画が、神社でロケ？　訪ねてみることに。

岡山自動車道から中国自動車道、米子自動車道を走って湯原ICで降り、国道313号、482号を通って津黒高原をめざす。482号から案内に従って右折し、県道久世中和線に入ると、すぐ左手、道路脇に鳥居が見えてくる。近くの空き地に車を停めて神社に向かい、鳥居の前に立って正面を見る。バックに杉の巨樹を5本従えて拝殿が静かに佇んでいる。そう、プロジェクトマネージャー川渕幸一（佐野史郎）もこの場所に直立不動の姿勢で立っていた。

　巨樹の緑と抜けるような青空に真っ白な真新しい石造りの鳥居が輝いている。狛犬の横に鳥居の建立奉賛者名簿と書かれた石板があり、平成2年10月吉日と記されている。奉賛者は、別所上、別所下、大原、常藤、浜子、吉田、津黒、湯ノ谷、野辺、下鍛冶屋、一ノ茅、荒井、真加子、初和と全てこの地域一帯の集落名となっている。雪深い岡山県北の厳しい自然の中で生きてきた人たちの神社への想いが伝わってくる。

　境内に入って右手に目をやると中和小学校があり、小学校のグラウンドと神社の境内は垣根もなくつながっている。なんとも不思議な光景だが、奉賛者名簿を目にした私にはそれは不思議でもないごく当たり前の姿のようにも見えてくる。

## 「はやぶさ」の無事帰還は「中和神社」のおかげ？

　ここ〈中和神社〉（真庭市蒜山下和９４６）では次のような

宇宙への思いを果たせず亡くなった兄の遺志を継いで大学卒業後もアルバイトをしながら研究を続けていた水沢恵（竹内結子）は、宇宙科学研究所教授の的場泰弘（西田敏行）に誘われ研究所に入所する。研究所では、プロジェクトマネージャー川渕幸一（佐野史郎）のもと、小惑星探査機「はやぶさ」を打ち上げて小惑星「イトカワ」に着陸させ、サンプルを回収して地球に帰還させるという世界にも例のないプロジェクトに取り組んでいた……。

●平成23年（２０１１）「はやぶさ／ＨＡＹＡＢＵＳＡ」フィルムパートナーズ作品
●監督／堤 幸彦、脚本／白崎博史、井上 潔
●出演／竹内結子、西田敏行、高嶋政宏、佐野史郎ほか
●ＤＶＤ&ブルーレイ／発売・販売　角川書店

シーンが撮られている。

地球への帰途、満身創痍になった「はやぶさ」の無事帰還を祈願するため川渕は、神社に参拝する。彼を迎える宮司（桂ざこば）。

「いやあ、遅くなってすみません。しかし、こんな田舎へよう来られましたなあ」

「無理言って、申し訳ありません。こちらじゃないとダメなもんで」

ここじゃないとダメ？　と首をかしげる宮司……。

こんなやりとりのあと、川渕は、拝殿の中でお祓いを受け、御札をいただく。

川渕が御札を受けた拝殿

ところで中和神社は、由緒によれば、創建年月は不詳だが、古くから〈クルマドサン〉の愛称で親しまれ、牛馬の守護神、魔除け、厄除け、道中安全の神として親しまれている。ちなみに、拝殿の奥にある本殿は、棟札によれば明治4年の建築とある。

川渕が、「こちらじゃないとダメなもんで」と言ったのは、ここが、道中安全の神様だからなのだろうか。ここはロケに立ち会った宮司さんに聞いてみるしかない。

映画で桂ざこばが乗っていたのと同じ車に乗って約束の時間通りに来ていただいた中和神社の本物の宮司・入澤喜一さんは、福田神社など蒜山地区にある6社の宮司を兼務しているそうだ。ちなみに、福田神社は、別名〈大宮様〉と呼ばれ、毎年お盆の時期に踊られる国の重要無形民俗文化財・大宮おどりで有名な神社である。

まずはロケの時の話。

「映画の撮影というのは大がかりなものですね。撮影そのものは、半日ぐらいで終わったんですが、何しろスタッフは、40人もおられたでしょうか。映画の見方が変わりましたね。私は、神社の宮司として立ち会いましたが、せっかく来られたんですからと言われ、ざこばさん演じる宮司の補佐役ということで出演しました。いい思い出になりました」。

ところで、何故この神社がロケ地に選ばれたんでしょうか？

「実は、実際に〝はやぶさ〟の帰還が危ぶまれていた時期、映画で佐野さんが演じた川渕のモデルになっていたJAXAの川口さんが、この神社を訪ねていたんです。トラブルの原因ともなった〈はやぶさ〉内の中和器の回復を願って、同じ中和の名前がついた神社を探し、〈ちゅうわ〉と〈ちゅうか〉、読み方は違うがここに祈願に来られたんです。映画化にあたってもこの事実に基づき、ここでロケが行われたと聞いています」。

入澤さんの案内で川渕が御祓いを受けたという拝殿の中を見せていただいた。

幣殿に続く仕切り戸の上に掲げられた奉納額の中に1枚の写真を見つけた。奉納者の名前は山根一眞となっている。「この写真は、オーストラリアの大地に落ちてくる〝はやぶさ〟をとらえたものです。山根さんは東宝が製作した2作目の原作者なんです」と入澤さん。

そうなんだ。「はやぶさ」をテーマにした映画はこの作品以外にも2本製作されている。

次も、入澤さんの話。

「山根さん原作の東宝作品〈「はやぶさ　遥かなる帰還」（監督／瀧本智行、主演／渡辺謙）でも、ここ中和神社で撮影を考えていたんですが、それより前に製作された20世紀フォックスの「はやぶさ／HAYABUSA」がここでロケされたので仕方なくこのエピソードは別の神社で撮影したそうです。奉

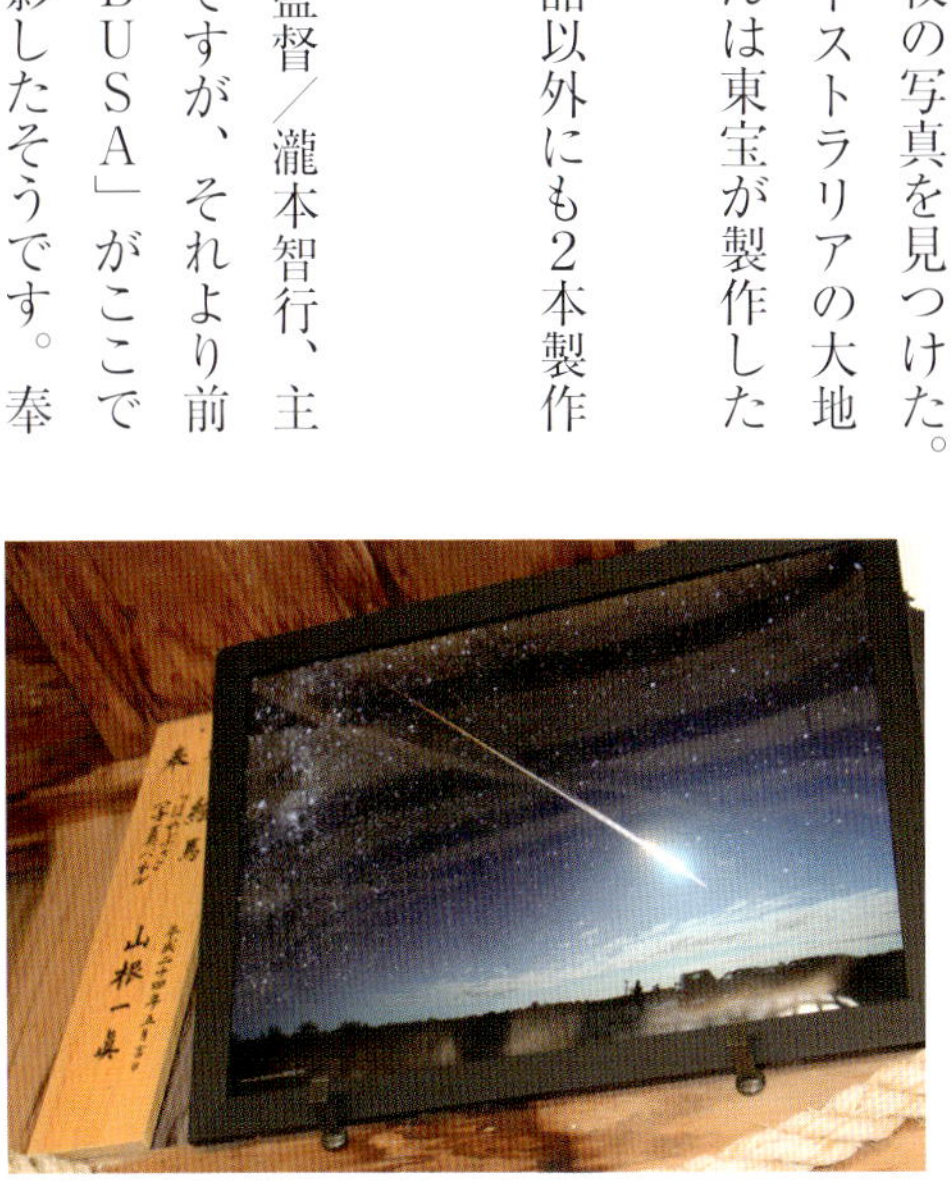

山根さんが奉納した写真パネル

納写真は、撮影終了後、山根さんの親戚が米子市におられ、この神社のことを知っていたこともあり、奉納されました」。

入澤さんの話は続く。

「映画公開2、3日後だったと思いますが、佐野さんとプロデューサーが再び訪ねてこられ、その時はここで映画の無事完成の祝詞をあげ、玉串を捧げました」。

「はやぶさ」の無事の帰還は、中和神社のおかげだったのか……。

入澤さんによると、映画の公開後は宇宙について研究しているグループや交通安全祈願の方たちがたくさん来られるようになったそうだ。

5本のうち3本の根元がくっついている巨大な真庭市指定文化財の天然記念物〈中和神社のスギ〉を見上げ、その背後にある本殿に拝礼したあと、近くにある津黒高原荘に立ち寄ってコーヒーで一服し、今夜宿泊する蒜山高原の国民休暇村に向かった。

御札を手に持つ宮司の入澤さん

（取材日／平成27年8月2日）

# 「レオニー」

香川県善通寺市

## 陸上自衛隊の善通寺駐屯地が横浜港に？

デビュー作「ユキエ」と第2作「折り梅」を、独自の手法で香川県高松市を初め全国各地で上映し、延べ200万人を動員した松井久子監督が、ドウス昌代著「イサム・ノグチ～宿命の越境者」（講談社刊）に感銘を受け、7年の年月をかけて映画化した。

ロケは、アメリカのカリフォルニア州サンタバーバラや愛知県犬山市など日米10か所以上で行われたが、今回は、ロケ地の1つ、香川県の善通寺市を訪ねた。

JR岡山駅から瀬戸大橋線、予讃線、土讃線を経由して善通寺駅で下車。ちょうど昼時だったので、駅から歩いてすぐ、市役所の近くにある〈偕行社カフェ〉でランチをいただく。カフェの隣にある〈旧善通寺偕行社〉は、明治31年（1898）この地に創設された旧陸軍第11師団将校の社交場として明治36年に落成した。ヨーロッパ風の優美な明治建築の姿を今に留める歴史的建造物である。

明治期の師団創設以降、軍都となった善通寺は、戦後、幾多の変遷を経て、現在は陸上自衛隊善通寺駐屯地となっている。実は、映画「レオニー」のロケは、この駐屯地の中に今も残っている旧師団当時に建てられた

ロケで使用された善通寺駐屯地内にある大正期の建物

赤レンガの建物を使って行われている。

偕行社カフェから歩いて駐屯地に向かう。案内をしていただく広報の森さんとは、午後2時に正門前で、という約束だ。地図を頼りに進んだが、駐屯地は思った以上に広い。出発して約20分、やっとのことで正門にたどり着く。約束の時間に少し早いので、正門の前で足を休めながら周りを見渡してみる。正面には善通寺を象徴する五岳山《ごがくさん》の山並みが、右手奥には四国八十八か所の第75番札所である総本山善通寺の五重塔が、天に向かって真っすぐに伸びている。

左に正門、右に旧兵器庫、正面に善通寺五重塔

午後2時ちょうど、正門横の面会所で、司令職務室広報幹部 森 勝己さんと名刺交換。早速、案内いただく。

正門を出て通りを横切り第2営舎エリアへ。南北に2棟、東西に1棟のレンガ造りの建物がある。「南北の2棟が明治期に、東西の1棟が大正期に建てられた

彫刻家イサム・ノグチの母レオニー・ギルモアの生涯を描いた日米合作映画。1901年、ニューヨーク。名門女子大を卒業し、編集者をめざしていたレオニー・ギルモア（エミリー・モーティマー）は、日本の青年詩人野口米次郎（中村獅童）と知り合い、2人は結ばれる。しかし、レオニーが妊娠したことを知った野口は日本に帰国してしまう。カリフォルニアの母のもとで出産したレオニーは、子供の将来のことを考え、母の反対を押し切って日本へ……。

●平成22年（2010）レオニーパートナーズ合同会社製作作品
●監督・脚本・製作／松井久子
●出演／エミリー・モーティマー、中村獅童、原田美枝子、竹下景子、吉行和子、中村雅俊ほか
●DVD／発売・販売　角川書店

ものです。屋根の葺き替えと窓の木枠がアルミ製になった以外は、当時のままの姿で残っています。建設当時は、旧陸軍第11師団兵器庫でしたが、現在は、資材庫などとして使用しています。ロケは、大正期に建てられた〈旧兵器庫とその南側の道路〉を使って行われました」と、森さん。こんなシーンだ。

1907年（明治40年）、横浜港。アメリカで生まれた息子を連れて日本にやってきたレオニー（エミリー・モーティマー）。出迎える米次郎（中村獅童）。船から降りてきた人たちで混雑する埠頭でレオニーが米次郎に話しかける。

「名前は決まった？」

「イサム」

手帳に「勇　Isamu」と書いてみせる米次郎。

「勇敢なる子、という意味だ」

「いい名前だわ、ありがとう」

しかし、米次郎には日本に本妻がいたこともあり、レオニーとイサムの日本での生活は過酷なものとなる。そして、1918年（大正7年）、レオニーは、米次郎の反対を押し切ってイサムを単身、横浜港からアメリカへ送り出す。

そう、レンガ造りの建物があるこの場所は、レオニーとイサムが降り立ち、イサムが旅立った横浜港の埠頭という設定で撮影されたのだ。

旧兵器庫の右側が横浜港の埠頭になった

## 延べ400人のエキストラが参加

ロケのサポートをした映画「レオニー」と松井久子を応援する自主組織〈マイレオニーたかまつ〉の湯浅文代さんによると、「2日間で、延べ400人のエキストラの世話などで、てんてこ舞いでした。しかも、到着シーンと旅立つシーンは約10年の時間差があるということで、衣装も変えねばならず大変でした」。

延べ400人のエキストラで埋まったという旧兵器庫前の道路を挟んで反対側はクスノキの大樹が一列に並んでいる。「このクスノキの列がCG処理によって横浜港に着岸した船の船腹になっていたわけですね」などと説明を受けながら、森さんに旧兵器庫の中も案内していただいた。建設当時のままのむき出しの梁を見上げ、踏み重ねられて角が丸くなった木の階段を踏みしめて2階に上がる。イサムが旅立つ時「イサム、行くな！」と米次郎が駆けつけてきたシーンもここで撮影された。

「軍人役でぜひ、と自衛隊にもエキストラ派遣の依頼があったそうです。明治期の軍人役ですので、なるべく大柄でない方を、ということで数人が選ばれ参加したと聞いております。確か、同じ駐屯地内にある〈乃木館〉に、その時出演した自衛官の写真が掲示されていると思いますので、ぜひ、行ってみてください」という森さんにお礼を言って別れ、乃木館を訪ねる。

乃木館は、明治31年、師団司令部庁舎として竣工した建物で、今も、当時の姿を残している。現在は1階を音楽隊が使用しており、2階は、初代師団長の乃木将軍が執務した師団長室など資料館として一般に公開されている。

「レオニー」のロケ当時の写真は、1階ロビーに展示されていた。エキストラで出演した5人の記念写真も、映画のポスターの横に確かにあった。

イチニ、イチニという訓練の掛け声を聞きながら横浜港となった（?）駐屯地を後にし、折角だからと、四国八十八か所第75番札所総本山善通寺にお参りするため、五重塔の方向に足を向けた。

## イサムノグチ庭園美術館を訪ねる

善通寺から高松まで帰って1泊し、翌日〈イサムノグチ庭園美術館〉を訪ねる。そこはロケ地ではないが、レオニーと米次郎との間に生まれたイサムの作品が展示され、彼の思想が表現された美術館が高松市の郊外にあると知っていたのでぜひ訪ねてみたいと思っていたのだ。

映画でも描かれているように、渡米したイサム（1904〜1988）は、後に20世紀を代表する彫刻家となる。ニューヨークを拠点にしながら世界を舞台にした活動のなかで、1956年（昭和31年）、初めて香川県の牟礼《むれ》を訪れた彼は、この地で庵治《あじ》石と石の作家・和泉正敏に出会う。庵治石という天然の素材と和泉正敏という素晴らしいパートナーを得た彼は、1969年（昭和44年）五剣山の麓にある牟礼町にアトリエと住居を構え、ニューヨークと行き来しながら創作活動を続ける。牟礼町に〈イサムノグチ庭園美術館〉が設立された所以である。

高松市牟礼町にある庭園美術館は、JR高松駅からタクシーに乗れば約25分の距離だが、〈マイレオニーたかまつ〉の湯浅文代さんの、私が車で、というお言葉に甘え、送ってもらうことにした。御礼は美術館近くの讃岐うどんの店、〈山田家〉で一緒に美味しくいただいたうどん1杯だけ。湯浅さん、ありがとうございました。

見学は予約制。私のグループは、外国から訪れたという数人を含めて20人。

乃木館にもロケの思い出が

美術館のガイドさんの案内で、石壁のサークルに囲まれた作業蔵と屋外展示、代表作〈エナジー・ヴォイド〉も展示されている展示蔵、丸亀の豪商だったという屋敷を移築したイサムの住居、高台にある彫刻庭園を順番に見てまわる。彫刻美術には全くの門外漢である私にも石の持つ魅力と彼らの声や囁きが聞こえてくるような作品に出会うことができ、素敵な時間を過ごさせていただいた。私のつたない文章表現では作品が醸し出す魅力をうまく伝えることは到底できそうもない。ぜひ、美術館を訪ねて感じてほしい。石という天然の素材の魅力とその素材を生かした作品群を自分の眼で見て。

（取材日／平成27年8月28日、29日）

“寅さん”と名作への想い新たに…

# 「男はつらいよ・寅次郎の告白」

鳥取県鳥取市、倉吉市、八頭町

## 寅さんの啖呵売の名調子が……

〈恋の悩みならおじさんのキャリアがモノをいう〉。シリーズ第44作「寅次郎の告白」の宣伝用ポスターのキャッチフレーズだ。寅さん（渥美清）が、若い2人に恋の手ほどき（?）をした鳥取市と倉吉市を訪ねた。

JR山陽本線で岡山から上郡へ。上郡で智頭急行に乗り換え、特急〈スーパーはくと1号〉で鳥取へ向かう。遠くに見える山の頂や渓流脇の竹林に見え隠れする残雪が目に眩しい。10時すぎ鳥取駅着。市街地マップを手に〈若桜《わかさ》橋〉をめざす。寅さんが啖呵売《たんかばい》をしていたところだ。ちなみに啖呵売とは、巧みな話術と名調子で品物を売りさばく商売手法のことである。

駅前から真っ直ぐに伸びている雁木づくりの商店街を歩いていく。日本の道100選に選ばれているこの若桜街道本通りを500メートルばかり進めば、袋川に架かる〈若桜橋〉が見えてくる。橋の南詰め左岸に遊歩道があり、広場になっている。DVDから抜き撮りした写真と見比べてみる。寅さんの名調子が響いていたのはここだ。

“寅さん”旅立ちの駅〈安部〉。奥にロケ記念の３本桜が

「さあ、やけのやんぱち日焼けのなすび。色は黒くて食いつきたいが、あたしゃ入れ歯で歯がたたないよ。さあ、買った買った！」

〈しゃんしゃん祭〉で賑わっている街なかで、寅さんが威勢のいい啖呵を切っている。

余談だが、寅さんの啖呵売の商品は〈古本〉〈健康バンド〉〈下駄・草履〉〈暦〉などいろいろあるが、鳥取で売っていたのは何と〈ルームライト〉。

ちなみに、傘踊りで有名な鳥取の〈しゃんしゃん祭〉は、毎年8月のお盆に開催されているが、平成3年11月3日に行われたこの映画のロケのために、一部が再現されたそうだ。

改めて、広場から若桜橋の方を眺めてみる。橋はきれいに塗り替えられていた

若桜橋をバックに寅さんの名調子が……

寅さん（渥美清）の甥・満男（吉岡秀隆）が想いを寄せる泉（後藤久美子）は、就職試験に失敗した上、母・礼子（夏木マリ）の再婚話も素直に喜べず、一人旅に出る。心配した満男は、母・さくら（倍賞千恵子）の制止を振り切って、泉を探すため家を飛び出す。山陰を旅していた寅さんと偶然倉吉で出会った泉は、満男とも再会し悩みを打ち明ける。そんな2人を寅さんは、かつての恋人・聖子（吉田日出子）が営む旅館へ案内する……。シリーズ第44作。

●平成3年（1991）松竹作品

●監督／山田洋次、脚本／朝間義隆

●出演／渥美清、倍賞千恵子、吉田日出子、吉岡秀隆、後藤久美子、夏木マリほか

●ＤＶＤ／発売・販売　松竹

が、寅さんの背後に映っていた〈吉田一陽堂〉や〈人形の沢田〉のビルは今も当時の姿を残している。橋の下を流れる袋川に目をやると、２羽のカモが東から西へのゆるやかな流れに沿うようにしてのんびりと泳いでいる。

## 泉が立ち寄った白壁と赤瓦の街

鳥取駅に戻り、ＪＲ山陰本線の普通電車で倉吉市に向かう。悩みを抱えた泉（後藤久美子）が一人旅に出て、ふらりと立ち寄った街である。倉吉駅前からバスに乗り、〈赤瓦・白壁土蔵前〉で降りる。倉吉市は、城下町の風情が漂う町並みが懐かしさと優しさ、温かさを感じさせてくれる街である。街なかを流れる玉川沿いに建ち並ぶ白壁の土蔵群と赤瓦の家々は、江戸・明治期に建てられたものが多く、国の伝統的建造物群保存地区に指定されている。

バス停の近くにある信号を右折し、南下していくと玉川に突き当たる。左折し、川の流れに沿ってのんびりと歩いていく。大正時代の醤油の仕込み蔵を改造した〈赤瓦一号館〉があるこのあたりは、保存地区を代表するエリアである。心地よさが全身を包み込んでくれる。

しばらく歩いて川に架けられた石橋に立って左右を見渡してみる。泉が立ち止まって眺めていた町並みと同じ光景が、左に、そして前にと広がっている。このあたりだ。泉がアンパンを買った〈ふしみや商店〉があったのは。

泉も眺めた白壁と赤瓦の街並み

通りの角にあるネイルサロンと雑貨の店〈キャンディポット〉のオーナー・中村さんに聞いてみた。「店？このすぐ横の家ですよ。元々、駄菓子屋さんでロケ当時は店は閉められていましたが、撮影があるというので〈ふしみや商店〉という設定で復活したんです。今は、空き家になっています」。

「こんにちは。このアンパン下さい」
「自分でとんさいな」
「ここで食べていいですか」
「中へ入んなさい。お茶を淹れてあげるけえ」……

おばあちゃん（杉山とく子）とこんなやり取りがあった店の前に行ってみる。ロケの模様などが写されたパネル3点がかけられたガラス戸の中は、分厚いカーテンで覆われている。レトロな町並みにも20数年という年月は、否応なく流れている。

## 寅さんと泉が再会した玉川の畔

〈ふしみや商店〉に一晩泊めてもらうことになった泉は、店のおばあちゃんに頼まれて豆腐を買いに八百屋に出かけるが、その帰り道で思いもかけず、山陰を旅していた寅さんと再会する。

「おじさま！」

泉が世話になったおばあちゃんの店
（自転車が止められている家）

「泉ちゃんか！」
抱き合う2人。泣く泉。
「会いたかった！おじちゃまに」
「どうした？何があったんだ。悲しいことがあったんだな。もう、大丈夫。俺がいるから」……

こんなシーンが撮影された場所は、〈ふしみや商店〉から玉川の流れに沿ってほんの少し下ったところにある。

白壁と赤瓦の屋根が連なる建物を左右に見ながらゆっくりと歩いていく。左にカーブしたあたりから玉川の川幅が少し広くなった。フィルムの中で子供たちが川に入って遊んでいたのはこのあたりかな、と思いながら立ち止まり、後ろを振り返ってみる。白壁の土蔵に赤い石州瓦、その向こうに打吹山。ここだ。泉が寅さんを見つけ、駆け寄って抱き合った場所は。

玉川の両岸には、撮影当時にはなかったコンクリートの柵が設けられ、泉が対岸を歩いている寅さんを見つけて渡った石橋にも、木組みの欄干が取り付けられている。寅さんに駆け寄る泉の背中を後押しするように小枝を揺らしていた鮮やかな黄紅色の柿は見あたらず、今日は民家の塀越しに紅梅が顔をのぞかせている。散策マップには、このあたりがオススメの撮影ポイントとして紹介されている。確かにここは、ビュースポットだ。

近くで道路工事をしていた人にロケについて聞いてみた。「ここで撮影があったとは知りませんでしたが、その映画には姉さんがエキストラで出演したんですよ。後藤久美子さんが買い物に行ったシーンです」。そのシー

右の道から泉が、左から寅さんが。寅さんと泉、再会の場所

ンなら抜き撮り写真がある。早速見ていただく。「そう、この写真の左端、後ろ姿の黄色い服を着た人が、姉さんです」。え！この後取材に行く予定の八百屋さんのシーンにお姉さんがエキストラで出演し、しかも私が持っている写真に写っていたなんて……。

泉が寅さんと再会したのは、八百屋で豆腐を買っての帰り道だった。聞くとその八百屋さんのあった河原町は、ここからは少し遠いようだが、途中にある今夜の宿に荷物を預け、歩いていくことにする。

## 泉が歩いた歴史街道〈八橋往来〉

お地蔵さんの前を泉が歩いていた

寅さん・泉の再会場所から伝統的建造物群保存地区の街並みを抜け、県道38号に出て〈打吹公園〉に立ち寄る。悩みを抱えて倉吉にやって来た泉が最初に訪れたところである。泉が、憂い顔で歩いていた桜の並木道を通って公園内を散策したあと20分ばかり歩いて瀬崎町の旅館に荷物を預け、散歩を続ける。

鍛冶町1丁目の交差点を右に折れ、しばらく歩を進めると右手に〈ひろせや〉。2丁目の交差点の角にあるこの家は、〈打吹公園〉から歩いてきた泉が、窓越しにおじさんの仕事ぶりをじっと眺めていた鍛冶屋である。この鍛冶屋さん、いまも現役だそうだが、今日は残念ながら戸が閉まっている。泉のようにはいかなかった。

ここから、今度は西に進み、河原町へ向かう。この道は、八橋《やばせ》往来と呼ばれ、倉吉と西の八橋（琴浦町）を結ぶ奈良時代からの街道である。古道の面影を残した懐かしい街並みを歩いていくと堀割のような小川に突き当たる。鉢屋川だ。可愛らしくてスリムな川に、家々につながる石橋が、飛び石のように架かっている。涼やかな川音が耳にやさしい。清流の中を赤、白、黒など色鮮やかなまだら模様の大きな鯉たちが群れをなしてゆうゆうと泳いでいる。淡い黒色のひときわ大きくてどっしりとした鯉が、その群れを統率しているかのように先頭を走っている。

石橋の上から上流に目をやると、道路脇にお地蔵さんが立っている。安永2年（1773）に建てられ、〈下の地蔵〉と呼ばれているそうだ。手元の写真を目の前にかざしてみる。泉が、お地蔵さんの前を歩いている。この道を通っておばあちゃんに頼まれて豆腐を買いに行っていたのだ。と、すると、八百屋さんはこのあたりだろうか。

川沿いにある〈天野種苗店〉の奥さんに聞いてみた。「ああ、あの八百屋さん？残念ですが、今はもうないんですよ。確かにロケがあった時には店をされていたんですが……」。天野さんに案内していただいたその場所は、今来た道をほんの少しばかり戻ったところ。そこに店があった、とはとても思えない三角形の小さな空き地があり、物置が1つ置かれている。店がなくなり、隣接していた民家の壁がむき出しになっている。こちらも空き家になっているのだろうか。

のんびり歩いていると、時が止まっているかのように思えるこの街道筋にも、時間は、確実に流れている。

物置のある場所に八百屋があった

ホームの待合室にいた寅さん（左）

安部駅全景

## 寅さんの後ろ姿が似合う駅―若桜鉄道・安部

寅さんと泉が再会した倉吉のロケ地を訪ね、当地に1泊。翌朝、旅館に近い新町からバスに乗り、JR倉吉駅に向かう。

途中の交差点に〈三朝温泉まで7キロ、東郷温泉まで8キロ、はわい温泉まで9キロ〉の案内看板があった。倉吉は、温泉を渡り歩きながら、ゆっくり、のんびり過ごしてみたい街のようだ。

倉吉駅から山陰本線で鳥取駅へ。そこから因美線で郡家駅まで行き、第3セクターが運営する若桜鉄道に乗り換えて、鳥取県八頭郡八頭町の〈安部駅〉をめざす。安部駅は、寅さんが、満男（吉岡秀隆）、泉の2人と別れ、再び旅に出るためやって来た駅だ。

1両だけの可愛らしい車両の窓際に座り、車窓の風景を楽しむ。右手、八頭高校のグラウンドのはるか向こうに見える中国山地の頂には所々に雪が残っている。が、今日は、この時期には珍しく穏やかな天気。因幡船岡駅を過ぎたあたりからは、雲の間から陽が差し込んで思わず目を細める。春への息吹をほんの少しだが感じさせる田園風景を楽しんでいるうちに、ワンマンカーは、郡家駅を出発して12～13分で〈安部駅〉に到着。

駅舎の前に〈映画「男はつらいよ～寅次郎の告白～」ロケ地〉の記念

碑が建っている。駅舎とプラットホームは、貴重な国民的財産として登録有形文化財に指定されている。逆光に浮かび上がった木造の〈安部駅〉は、順光で真っ裸にされた姿よりよほど似合っている。駅舎の前で、寅さんが、妹・さくら（倍賞千恵子）に連絡していた公衆電話は見あたらない。今、駅舎は〈美容室 ふぉーゆー〉と一体化しており、切符売り場には〈乗車券類委託発売所〉の看板が掛かっている。

改札口を通り、再びプラットホームに出てみると、待合室に寅さんがいた！いや、寅さんの案山子というべきか人形というべきか。帽子を被り、右手の下にはしっかりといつものカバンを置いている。そういえば、途中の駅にも駅員の格好をしたり箒を持った女の子だったりの人形がたくさんいた。ボランティアで駅周辺の掃除をされているという太田俊実さん（75）によると、ロケが終わった後、〈安部駅〉に置く寅さんの人形を創ったのがきっかけで、地元のグループが協力し、何体も製作して若桜鉄道の各駅に置いているそうだ。

「駅の雰囲気はロケ当時とほとんど変わっていませんが、利用者はほんとうに少なくなりました。今は、八頭高校や鳥取にある高校に通う生徒たちがほとんどです。そうそう、ロケの時にはなかった桜の木が3本ありますよ。ずいぶん大きくなりました」と、太田さん。確かにあった。ホームと駐車場の間にあるサツキの植え込みの脇に桜が3本。桜の根元に〈安部駅ロケ 記念植樹〉の柱が立っている。まだ、つぼみとはいえないようなつぼみを付けた桜とサツキの植込みの陰の残り雪がやわらかい陽の光を浴びて輝いている。春は少しずつだが近づいている。

〈安部駅〉でのロケ風景を撮影したパネル写真が飾られた駅舎で、美容室のおねえさんから切符を買い、次のロケ地に向かう。

## おせいちゃんが手を振った堤のバス停

郡家駅まで引き返し、因美線の下りで鳥取市河原町の河原駅に向かう。駅前から県道32号を西に向かって20分ほど歩いたあたりで右に折れ、八東川の堤に出る。近くの片山橋から上流に目をやると、川を一直線に横切るように堰が造られている。満男と泉が眺めていたあの堰だ。

鳥取砂丘で満男とも再会した泉。寅さんは2人をかつての恋人・聖子（吉田日出子）が営む旅館へ案内する。旅館の近く、八東川の堰を眺めながら満男と泉が話している。

「あのおじさんは、手の届かない人に夢中になるんだけど、その人がおじさんのこと好きになると、あわてて逃げ出すんだよ」

「どうしてなの、どうしてなの。どうして逃げ出すの？」

「わかんねえよ」……

2人が、男と女の関係は、方程式を解くようにはいかないんだよ、などと話していた川の中洲には、今は下りることはできないが、堰を舐めるように流れ落ちる川の流れや上流に見える給水塔、その遙か向こうに連なる山々の稜線はフィルムに残されている風景と変わりはない。振り

バス停があった場所。向こうに〈出合橋〉

八東川の堰

向くとその向こうには高速道、そのまた向こうの小高い丘の上には、河原城のすっきりとした姿が見えている。

片山橋を渡って県道287号を八東川の流れに沿って10分ほど歩くと千代川に合流する。ちょうどそのあたりに〈出合橋〉がある。車道と自転車道・歩道に分かれた全長286メートルの大きな橋を渡って左に折れると千代川の土手道につながっている。折れてすぐ右に住宅地に向かって下りていく道がある。その道の途中に石段があり上の土手道とつながっている。

石段のあたりで立ち止まり、DVDから抜き撮りした写真を取り出して周囲を見渡してみる。間違いない。聖子が3人を見送ったバス停〈出会い橋前〉があったのはこのあたりだ。


聖子の旦那が1年前に亡くなっていたことを知った寅さんは、早速お墓参りにいき、その日は聖子の営む割烹旅館に泊まる。翌朝のバス停。

「寅さん、覚えとるだか。夕べ、何したか」

「いや、俺は、何も……」

「私も。すっかり酔っぱらってしまって、何も覚えとらん」と、寅さんの手の甲をギュッとつねる聖子。そんな2人をじっと見つめる満男と泉。

3人を乗せたバス、発車して出合橋（映画では〈出会い橋〉）を渡っていく。

「寅さん、さようなら」と、手を振る聖子……

今回も寅さんの恋は、満男の言うとおり、方程式を解くようにはいかなかったようだ。

河原旧上方往来筋を通って河原駅までの帰り道、聖子が営む割烹旅館として撮影された〈新茶屋〉にも寄ってみたが、残念ながらその旅館は人の気配がなくなっていた。

（取材日／平成27年2月24日、25日）

# 「東京家族」

広島県豊田郡大崎上島町

## 遺骨となって天満港に帰ってきたとみこ

上京中のとみこ（吉行和子）は、昌次（妻夫木聡）のアパートで恋人の間宮紀子（蒼井 優）を紹介されて一安心したのか、翌日、幸一の家で突然倒れる。幸一の知り合いの病院に緊急入院したとみこだったが、意識は回復せず、そのまま息を引き取る。

朝焼けに染まる病院の屋上で周吉（橋爪功）と昌次が話している。

「父さん、何してんだよ。こんなところで」

「あゝ、きれいな夜明けじゃった」

「兄さんがね、今後のことをいろいろ相談したいって」

「のう、昌次」

「え」

「母さん、死んだぞ」

ロケ地となった大崎上島町

「うん」
昌次、泣きながら父の後を追ってビルの屋上から下りていく……。

「東京物語」で、妻・とみ（東山千栄子）を亡くした周吉（笠智衆）が次男の嫁・紀子（原 節子）と自宅近くの浄土寺の境内で、尾道水道に昇る朝日を見ながら静かに語り合うあのシーンが、ごく自然に脳裏に浮かんでくる。

とみこの葬儀を執り行うため、周吉と昌次、そして紀子の3人は、長男の幸一夫婦（西村雅彦、夏川結衣）、長女の滋子（中嶋朋子）より一足先に、島に帰ってくる。

平山家の故郷として撮影されたのは、瀬戸内海のほぼ真ん中に位置する広島県豊田郡の〈大崎上島《おおさきかみじま》〉。造船業とミカン、レモンなど柑橘類の栽培が盛んな人口約8000人の島だ。

JR山陽本線から呉線を乗り継いで竹原駅で下車。竹原港まで歩き、高速船〈かがやき2号〉に乗る。天気はいいが、遠くの島々は霞んで見える。春霞なのか、それとも黄砂の影響だろうか……。瀬戸の海には珍しく緑に覆われた断崖が海に落ち込んでいるような島が多い。山と山がぶつかり合い、両

### 東京家族

瀬戸内海の島で暮らす平山周吉・とみこ（橋爪功、吉行和子）の老夫婦は、東京で暮らす長男・幸一夫婦（西村雅彦、夏川結衣）、長女・滋子夫婦（中嶋朋子、林家正蔵）、次男・昌次（妻夫木聡）に会うため上京する。開業医の長男と美容院を経営する長女は何かと忙しく、舞台美術の仕事をしている次男の昌次が2人を東京見物に案内するのだが……。小津安二郎監督の名作「東京物語」をもとに山田洋次監督が現代の家族像を描く。

●平成25年（2013）松竹作品
●監督・脚本／山田洋次、脚本／平松恵美子
●出演／橋爪 功、吉行和子、西村雅彦、夏川結衣、中嶋朋子、林家正蔵、妻夫木聡、蒼井優ほか
●DVD&ブルーレイ／発売・販売　松竹

３人が下り立った天満港

者が後退りしてできたすき間に家々が寄り添うように軒を連ねる小さな集落がいくつもある。デッキに腕を預けて、目の前を通り過ぎる島々を眺めていた紀子もこんな光景を目にしたのだろうか……。竹原港を出港して20数分、大崎上島の東岸にある〈天満港〉に着く。周吉、昌次、紀子の3人もこの港に下り立った。

港には〈ようこそ木江へ　木江港天満〉の看板が掲げられている。地図や観光案内のパンフレットにはすべて、天満港と記載されているのだが……。調べてみた。

大崎上島は、かつて島の北東部が東野町、西部が大崎町、南部が木江《きのえ》町の3町に分かれていたが、平成15年に合併し〈大崎上島町〉になった。天満港はかつての木江町の中心地区にある港だった。合併により木江町という町名は無くなったが、港にはその名がしっかり残されている。合併というやつは、地名という貴重な歴史の証人を往々にして失くしてしまう。残念としか言いようがない。

待合所には、「東京家族」のロケ地巡りのページも設けられている〈のんびりゆったり大崎上島〉、〈ふらっと大崎上島さんぽ〉などのパンフレットがあり、ロケ案内の看板も設置されている。〈ロケ地・天満港桟橋〉の看板には、〈とみこの遺骨を抱いた周吉、昌次、紀子をユキ（荒川ちか）の家族や地元の人たちが涙で迎えるシーンが撮影された〉と書かれている。今日のロケ地巡りは、すんなりといきそうだ。

次のロケ地〈木江の辻〉をめざして歩きはじめてすぐ左手に、狭い路地が伸びている。海岸線を走っている県道の裏道だろうか。ちょっと寄り道をして歩いてみる。

天満港のある木江地区を代表する古い町並みが私を迎えてくれる。2階建て、3階建ての木造建築が道の左右に軒を連ねている。かつて、風待ち、潮待ちの港町として賑わったという往時の面影を今も色濃く残している。建物の3階にある手すりや軒下にある笠のついた外灯、路地の角に立っている赤いポスト、路地奥に見える石の鳥居と〈天満鼻金刀比羅宮〉……。歴史の重みをかみしめながらゆっくりと歩いていく。時が止まったかのような空間が私の体をふんわりと包み込んでくれる。2度も3度も往復して歩いてみたい懐かしい通りだ。

## 紀子とユキが先生に出会った〈木江の辻〉

古い町並みが途切れたあたりで引き返し、木江の辻へ向かう。しばらく歩いていくと左手に〈ロケ地・木江の辻〉の看板が。案内に沿って左に折れ、狭い坂道を上っていく。四つ辻が見えてくる。島の港町に特有の路地道が十字に交差している。どこにでも見られるごく普通の四つ辻に見えるが、ここでは次のようなシーンが撮影されている。

木江の古い町並み

とみこの葬儀を終えた紀子とユキが、「中学校は、どこ?」などと話しながら歩いてくる。そこへ、ユキが通う学校の英語の先生が自転車で通りかかる。ユキが紀子に教える。「職員室で、たった1人の独身の先生なの」。坂道を上って平山家に向かう2人。紀子に見とれている先生、自転車ごと溝に突っ込み派手に転倒する……。

先生が自転車ごと道路脇の溝に突っ込んだ四つ辻の東西に伸びる道に比べ、南北に伸びる道はひっきりなしに車が走ってくる。車が通るたびに、道路脇に体を寄せ、映画のシーンを思い出しながら木江の辻を見渡していると、先生が自転車で走ってきた道の先に大きな瓦屋根のお寺が目に入る。再び寄り道。

〈白龍山浄泉寺〉、浄土真宗本願寺派の寺である。まるでお城のような石垣が目の前に迫ってくる。石段を上がる。本堂から読経の声が聞こえてくる。境内のソテツ、ほんの少しだが色づき始めているモミジ、裏山の匂うような新緑……。

春の装いに包まれた瀬戸内の島の散歩はまだまだ続く。

木江の辻。四つ辻の向こうに見える溝に先生が……

## 木江の高台にある平山周吉の家

周吉が暮らす家として撮影された民家は、紀子とユキが英語の先生と出会った木江の辻からそう遠くないところにあるようだが、寄り道、坂道、それに暑さで少しばかりバテた体を休めるため、大崎上島町木江支所を訪ね、〈周吉の家〉のある場所を聞くことにする。

担当部署の方は不在だったが、ロケ当時は広報担当だったという住民課窓口係の藤堂恵さんが、案内役を買って出てくれた。周吉の家は、先ほど訪ねたばかりの木江の辻から紀子とユキが上っていった坂道の頂上付近にあるとのこと。

藤堂さんの背中を見ながら狭くて急な坂道を上る。ピッチの速い彼女に遅れまいと必死についていく。支所で一息ついたばかりだが、はや息切れ。「山田監督もこの坂道を歩いていかれたんですよ」という藤堂さんの声に励まされて、ようやく周吉の家に到着。

庭先に〈ロケ地・平山周吉の家〉の案内板が設置されている。高台にあるこの民家は、当時、呉市在住の谷本さんの家で、谷本さんは、島の活性化につながればと、快く撮影に協力したとのこと（平成24年7月の「広報 大崎上島」より）。今も、谷本さんは呉と大崎上島を行ったり来たりの生活をされているそうだ。

母・とみこの葬儀が終わって、昌次が柴犬と遊んでいた母屋の裏口、紀子が行き来していた母屋と納屋をつなぐ渡り廊下、母屋の屋根瓦を修理している昌次に「まだ終わらないの。フェリーに間に合わないよ」などと言いながら紀子が出てきた母屋の玄関が、フィルムに焼き付けられたそのままの姿で残っている。母屋の縁側には白いカーテンが下りており、今日は人の気配はない。庭はきれいに手入れされ、ピンクの花が満開のツツジと、新芽が競うように伸びている松の淡い緑に陽があたり、目に眩しい。

案内板のところから眼下に広がる木江の街並みを眺める。手前に、大人と子供、5匹の鯉が吹き流しを従えて泳いでいる。その下、坂道の途中にある方形屋根の家の奥には周吉が耕していた畑が見える。そして、集落の向こうに広がる穏やかな瀬戸の海。「海景色や瀬戸内海の多島美を大崎上島は堪能できる。いつ来ても見飽きることのない美しい島だと思う」。山田監督は、藤堂さんに島の印象を聞かれこう答えている（前述の広報誌より）。その言葉通りの絶景をしばらくの間ゆっくりと眺めたあと坂道を下り、天満港まで戻る。

平山周吉の家として撮影された木江の民家

## とみこの葬儀が執り行われた沖浦の圓妙寺

バス停〈天満桟橋〉から島を1周している右回りの路線バスに乗り、とみこの葬儀が行われた〈圓妙寺〉を訪ねる。大崎上島には、右回り、左回りの両方で島を1周する路線バスが走っており、車がなくとも移動に不自由はない。

〈沖浦農協〉で降り、参道入口の案内に従って歩いていく。周吉の家までの急な坂道に比べるとやや緩やかな上り坂を歩くこと7~8分で圓妙寺。午前中に寄り道して立ち寄った〈白龍山浄泉寺〉と同じような見事な石垣を見ながら石段を上ると、右手に鐘楼、正面に本堂がどっしりと構えている。〈榮林山 圓妙寺〉は、浄土真宗本願寺派の寺である。

とみこの葬儀が執り行われた圓妙寺の本堂

突然の来訪にも拘らず住職の高浦義文さんに案内いただいた。住職も出演し、とみこの葬儀シーンが撮影された本堂の片隅には、ロケ写真も展示され、山田監督の〈圓妙寺さんへ　大崎上島はわが故郷〉と書かれた色紙も飾られている。「時間待ちに撮り直し、撮影は大変でした」と、話す住職は、最後に「このロケで少しでも多くの人が島を訪れてくれればと思ったのはもちろんですが、何よりありがたかったのは、東京で亡くなり、遺骨になって帰ってきたにも拘らず、故郷で改めて葬儀を執り行うというストーリーでした」と手を合わせるようにして話したあと、今日執り行われる法事のために本堂を出て行かれた。

ラスト近く、ユキが柴犬を連れて散歩するシーンが撮影された場所が、ここから歩いて約20分のところにありますよ、と住職から聞き、少し大回りになるが、ミカンやレモンなどの柑橘類の低木と左手に見え隠れする沖浦の港と集落、そして瀬戸の海を眺めながらロケ地となった〈沖浦の農道〉を通り、さっき降りたバス停まで帰った。

今夜の宿は、今度は左回りのバスに乗り、〈清風館前〉で降りればすぐ目の前。〈清風館〉は、「東京家族」のスタッフや出演者のロケ宿で、ロビーや大浴場前の廊下に、当時の写真やポスター、色紙が展示されていた。

（取材日／平成27年4月27日）

# 胸キュンの聖地を歩く

# 「君と100回目の恋」

岡山県瀬戸内市牛窓、総社市、香川県善通寺市

## 牛窓はロケの聖地

エンディングロールに〈後援 岡山県〉が流れる映画だけに、岡山県南各地でロケが行われているが、メインのロケ地は瀬戸内市の牛窓地区。と、なればまず訪ねるのは、瀬戸内市観光協会会長でせとうちフィルムコミッションの会長でもある石田一成さんということになる。

例によって妻の運転する車で牛窓へ。午前10時の約束だったが少し早く着いたので瀬戸内市観光センター・瀬戸内きらり館に立ち寄り、フィルムコミッション作製の〈君と100回目の恋 牛窓ロケ地マップ〉を手に入れる。

石田さんには平成19年の秋、「カンゾー先生」のロケ地取材でお世話になって以来だから久しぶりの再会（注／拙著「瀬戸内シネマ散歩」参照）。牛窓はロケ地の宝庫だけに、石田さんは、この地で行われたたくさんの映画やテレビドラマのロケに関わっているが、最近、一番の思い出の映画は、2015沖縄国際映画祭参加作品「U・F・O～うしまどの、ふしぎなできごと～」（監督／藤原知之、よしもとクリエイティブエージェンシー製作）。オール牛窓ロケの35分の短編映画だが、翌年の2016山形国際ムービーフェスティバルではグランプ

陸と葵海が暮らしていた海辺の町

リを獲得したという。この作品は、ロケに協力したというだけでなくプロデューサー的な役割を自分と牛窓が果たしたということ、加えてヒロインに芳根京子が出演しているということで特に思い出深いものになったそうだ。ちなみに芳根京子は、この映画に出演後、ＮＨＫの朝の連続テレビ小説「べっぴんさん」に主演し、一躍人気者になった。石田さんによると、牛窓ロケの作品に出演した若い俳優さんの多くが、その後ブレーク、というケースが多いそうで、今回の「君と１００回目の恋」でも、主人公の友人役の竜星 涼と泉澤祐希が、現在放送中の朝ドラ「ひよっこ」にそれぞれ重要な役で出演中とのことだ。「どんどん成長していく彼らの姿を見る幸せは格別なものがありますね」と、石田さん。

　さて、話が少し横道に逸れたが、〈君と１００回目の恋 牛窓ロケ地マップ〉を見ながら石田さんにロケ場所やその地での裏話などを聞いているうちにマップ上に何か所か真っ赤なハートマ

幼なじみの日向葵海《あおい》（miwa）と長谷川陸（坂口健太郎）は同じ大学に通う大学生。2人は同学年の松田直哉（竜星涼）、中村鉄太（泉澤祐希）と4人でバンドを組み、勉学にライブ活動にと充実した学生生活を送っていた。2人はお互いに好きだという思いを伝えきれずにいたが、ある日、葵海は直哉に思いを告白される。悩んだ葵海は、親友の相良里奈（真野恵里菜）に相談するが、密かに直哉を思い続けていた里奈は、「あなたと陸が……」と、行き場のない怒りを葵海にぶつける。動揺した葵海は、7月31日のライブで大失敗、会場から逃げ出し路上で交通事故に遭う……。しかし、気がつくと葵海は、事故の1週間前、7月25日に受けていた授業の講義室にいた！ そんな彼女に陸が言う。「秘密を教える。俺は、時間を戻せるんだ」と。シンガーソングライター・miwaと坂口健太郎がW主演するラブロマンス。

●平成29年（２０１７）「君と１００回目の恋」製作委員会作品
●監督／月川翔、脚本／大島里美
●出演／miwa、坂口健太郎、竜星涼、真野恵里菜、泉澤祐希、太田莉菜、大石吾郎、堀内敬子／田辺誠一ほか
●ＤＶＤ＆ブルーレイ／発売・ソニー・ミュージックレコーズ 販売・ソニー・ミュージックマーケティング

ークがついているのに気づく。石田さん「それは、映画の中の胸キュンスポット。私が勝手につけたものですが、もともと牛窓は、恋人の聖地として認定されているところですからね」。決めた！　今日は、ハートマークの場所を中心に歩いてみよう。

## 「SETO FES」が行われた牛窓ヨットハーバー

まずは、大がかりな祭りのシーンが撮影された牛窓ヨットハーバー（牛窓町牛窓）に立ち寄り、長谷川　陸（坂口健太郎）と日向葵海《あおい》（miwa）のデートシーンが撮影された海辺の道を訪ねることに。ハートマークはハーバーのすぐ南に押されている。

何度か訪れたことがあるヨットハーバーだが、見慣れたクラブハウスが左手に見えてきた。まるで宙に浮いているような船体の形をしたユニークな建物で、中央にあるマストのような2本の鉄塔が建物を吊り上げる斜張橋のような形をしている。

真っ白な階段を上ってハウスに入り、海に向かって張り出しているデッキに出てみる。数十隻のヨットが海上に係留されており、10数隻は陸揚げされている。牛窓ヨットハーバーは、西日本有数の規模を誇るヨットハーバーである。広々としたスペースに穏やかな内海が広がるこの場所で〈SETOUCHI HARBOR FESTIVAL〉、略して〈SETO FES〉の撮影が行われた。陸と葵海、松田直哉（竜星　涼）、中村鉄太（泉澤祐希）の4人組のバンドが、マネージャー役の相良里奈（真野恵里菜）と共にライブを行った祭りの会場である。

牛窓ヨットハーバーのクラブハウス

石田さんの話。

「映画では、主人公が住んでいる舞台となる場所は特定されていません。海辺の町で、というのは最初から想定されていたようですが、結果として牛窓がロケ地が決まったのは、ライブができるお祭り会場としてヨットハーバーがあったことが大きかったんです。牛窓での撮影は延べにすると1か月ぐらいだったと思いますが〈SETO FES〉の撮影は、実質3日間でした。ただ、5月にしては暑い日で、300人のエキストラの手配、たくさんの見物人の整理、ブースの出店要請など大変でした。楽しかったこともありましたよ。それは、福本清三さんとの共演（？）。あの斬られ役で有名になった福本さんが花火師役で出演され、私も彼の弟子といった形で出演したんです。福本さんは、トム・クルーズと渡辺 謙が共演し大ヒットしたアメリカ映画「ラストサムライ」に出演（注／拙著「瀬戸内シネマ散歩Ⅱ」参照）し、一躍有名になりましたが、その時もセリフは一切ありませんでした。牛窓ではセリフのある役で、大苦戦でしたが、一緒に記念写真を撮るなどいい思い出になりました」。

ここで「SETO FES」が開催された

## 海辺の〈胸キュン〉スポット

ヨットハーバーから南に4～500メートル車を走らせ右にカーブすると、左手前方に、陸と葵海の背後に映っていた建物が目に入る。今は使われていない岡山県の水産試験場だ。このあたりに違いない。ハートマークが押された胸キュンスポットは。

車を降り、防波堤に取り付けられた踏み段を上り、海辺に出る。海辺は階段状のコンクリートで整備されている。陸が秘密のレコードを使って時間を戻すことができることを葵に告白したあと、初めてデートした場所がここだった。

よく見ると、このコンクリート製の階段、ハートマークが4列、きれいに並んでいるように見える。

「ここはデートスポットとしては、とてもいいところですよ。目の前の海中には、少し崩れかけてはいるものの、過ぎ去った時間を感じさせる石組みの防波堤が、左に目をやると前島、黒島、中ノ小島が穏やかな瀬戸の海に浮かんでいます」。この護岸工事を担当した人は、この場所は、愛を語り、愛を確認するには絶好のポイントですよ、と主張しているようだ。

再び、海岸通りの防波堤に戻る。


この堤の上を、時にスキップしながら歩いている葵海。彼女を見上げながら防波堤の横を歩いている陸。

「ねえ、陸って私のこと好きなの？」

「いまさら、それ聞く。好きだよ」

「ああ、もう損した。こんなことなら早く言っておけばよかった」

「あのさあ、葵海は、俺のこと好きなの？」

「いまさら、それ聞く」

陸、手を差しのべて葵海を抱き、下におろす。

「やり直そうか、また去年の夏から」

「うん」

海辺のデートスポット

この防波堤の上で葵海が……

2人、手をしっかりとつなぎ、海岸通りを走っていく。

1年前に時間を戻した2人の運命の恋が再び、スタートする。

## 陸が住んでいた海岸通りのカフェ

牛窓の海を一望できる見晴らしのいいレストランで昼食をとったあと訪ねたのは、牛窓町鹿忍《かしの》の西脇海水浴場にある〈カフェ岩風呂〉。

ペンション村への案内看板が目立つ山道をしばらく走ると前方に海。すぐに波静かな内海が左に見えてくるとそこが西脇海水浴場。駐車場に車を停め、海岸通りを歩いていくと右手に〈岩風呂〉という看板があがった2階建ての建物が目に入ってくる。映画では、陸の伯父・長谷川俊太郎（田辺誠一）が営む〈HASEGAWA COFFEE〉として登場し、陸はこの店の2階に住んでいるという設定になっている。伯父の店には、レコードプレーヤーがあり、今では珍しい〝レコード〟が、この映画の重要なキーワードとなっている。

石田さんの話。

「ロケ地の選定条件として、ライブができるお祭り会場ともう一か所、レコード店という注文がありました。今時、レコード店なんて、なかなかありませんよね。最後にダメもとで海水浴場にある〈カフェ岩風呂〉を案内したんです。すると、監督、すっかりその店が気に入ったんです。〈牛窓ヨットハーバー〉と〈カフェ岩風呂〉があったおかげで牛窓ロケが決まったようなものです」。

ご主人に話を聞きたかったが、店の前に、本日定休日の看板が。石田さんにも今日は、休みかも、と言われてはいたのだが……。車があるので、もしかしたらと思い、裏手に回って「こんにちは」と何度も叫んでみたが応答なし。

　そこで、石田さんの話。

「撮影は、この店を、2階を含めて1か月、借り切って行われました。もちろん、店のご主人の了解を得てですが。その間、店は閉め、ご主人の一家は別の場所に家を借り、そこで生活していました。1階の店内は、撮影用のセットにすべて模様替えし、2階の部屋も陸の部屋になりました。ご主人に〝ありがとう〟です」。

〈カフェ岩風呂〉には木製のベランダがある。ベランダの屋根を支える鉄製のパイプには蔓がぐるぐると巻きつけられている。映画のシーンと同じだ。


　ベランダで陸と葵海が、ライブで発表する新曲を作っている。葵海の作詞に、陸がギターを弾きながら曲を考えている。

「あ、さっきのコード、何？教えて！」

　陸、教える。

「むつかしい。だって、私の手、こんなに小さいんだよ」

　陸、葵海の手に自分の手を重ね「そんなに変わりはねえだろ」

　見つめ合う2人。

「全然違うじゃない」と手を離す葵海。


〈カフェ岩風呂〉は、海水浴の時期には、海の家としても賑わうのだろう。店の横の広場には、ブランコやすべり台なども用意されている。

　ベランダ周りの写真を撮っていると、2人が座っていた椅子の横に、茶色と黒のまだら模様の猫が一匹、前足をきちっと前に出して座り込み、私をじっと見つめている。そういえば石田さんが言っていた。〈カフェ岩風呂〉の猫も出演していますよ、と。と、すれば、この猫ちゃんは、陸の帰りを待っていた葵海が、何となく彼の部屋の押入れを開けた時、そこから悠然と出てきたあの猫だったのかな。押入れには陸の秘密のレコードが隠されていたのだが……。

ベランダの前に植えられているオリーブの柔らかい緑が、この胸キュンスポットを引き立てている。

陸が住んでいた「HASEGAWA COFFEE」(カフェ岩風呂)

2人が手を重ね合わせたカフェのベランダ

店のすぐ前は、海岸通りに沿うようにして長い長い砂浜が続く海水浴場である。この砂浜でも、陸、葵海、直哉、鉄太、里奈の5人がビーチバレーを楽しむシーン、夜空を見上げながら「あ、U・F・Oだ！」と直哉、鉄太、里奈の3人が走り出すシーン、残された陸と葵海がビーチマットの上でそっと抱き合うシーンなどが撮影されている。この辺りは、胸キュンスポットは一カ所だけではないのだ。

駐車場まで引き返したとき気づいた。看板を見て。西脇海水浴場は、昨年8月をもって閉鎖されたと書いてある。ロケが行われたのは、昨年の5月だったから、その年の夏を最後に西脇海水浴場の名前は消えたことになる。もうずいぶん昔のことだが、子供たちを連れてここで海水浴をした覚えがある。閉鎖されたといっても、ここで泳ぐことができないわけではないだろうが寂しい。

そういえば、ロケ地マップをよく見ると、この場所、西脇海水浴場ではなく、矢寄ケ浜と記されている。源平の合戦（屋島の合戦）で使われた矢が流れついたことからこの名がついたと言われているそうだ。

## 2人の自転車デートは海岸通りから前島へ

牛窓ヨットハーバーの南にある海辺で、運命の恋を再びスタートさせた陸と葵海の自転車デートの場所を訪ねてみる。

旧牛窓病院前の海岸通りを仲良く自転車で駆け抜けた2人が、次に向かったのは、牛窓港沖に浮かぶ前島。私もフェリーに乗って前島へ。5分の船旅を終えて前島港着。前島は、周囲約10キロの島。ロケ地は島の西端、荒崎地区。

ロケ地マップを見ながら車を進める。少し道を間違えたかなと思いながらとにかく西に向かう。島のこのあたりは、民家も目につき、畑にはサツマイモ、カボチャ、サトウキビなどがきちんと手入れされて植えられている。曲がりくねった道を上り切ったあたりで車を停め、周りを見渡す。前方に2人が自転車を力いっぱい踏み込んで上っていった坂道が見える。カーブミラーのあるあの道だ。

「一番上まで競争よ。負けた方がアイスのおごりね」

「待ってくれ」と、陸、必死に追いかけるも……

カフェの前の海水浴場

## 「私の勝ち！」

葵海が陸に勝利宣言をしたカーブミラーのところに行き、今度はゆっくりと瀬戸の海を眺める。目の前に黒島、その右に中ノ小島、その向こうに隠れるように端ノ小島、その右に百尋礁《ももひろそあえ》と名づけられた岩礁が波間に浮き沈みしている。今日は暑さのせいか瀬戸の海は煙っており、小豆島もぼんやりと霞んで見える。

石田さんの話。

「前島から見るこのあたりの風景は最高ですよ。特に、今、人気になっているのが〈ヴィーナスロード〉。潮がいい日の干潮時に黒島と中ノ小島、端ノ小島が弓形の砂浜で結ばれる砂の道が現れるんです。AKB48の国内6番目のグループとして誕生したSTU48のプロモーションビデオもこの〈ヴィーナスロード〉で撮影されました」。

今は、午後2時20分。かすかにだが黒島と中ノ小島の間に砂の道が浮かんでいるように見える。

ここから、余談。

石田さんに、牛窓でロケが行われた映画「ふたりのイーダ」の話をした（本書116ページ参照）。ラストシーンのロケ場所は牛窓海水浴場だと思い、取材に行ったのだがどう見ても映像と海水浴場が結びつかない、

2人が自転車で勝負した坂道

カーブミラーのある場所からみた左から黒島、沖ノ小島、端ノ小島

と。「ずいぶん昔の映画ですね。でも、以前、私の知り合いの漁師さんから聞いたことがありますよ。倍賞千恵子さんを船に乗せて、撮影が行われていた島と本土の間を何度も往復したんだ、と。島にはきちっとしたお手洗いがなかったからだろうね」と石田さん。その島が黒島だった。

母子3人の海水浴の撮影場所は牛窓海水浴場ではなく、黒島の海岸だったのだ。

## 牛窓神社も〈胸キュン〉スポット

胸キュン&ビュースポットを確認したあと、前島港から再びフェリーに乗って牛窓港に帰る。ここからもう1か所、胸キュンスポットの牛窓神社を訪ねたいと思ったが、実は、前述の通り、「2人のイーダ」で牛窓海水浴場を取材した際、すぐ近くにある神社にもお参りしている。夏祭りにぴったりの浴衣姿で陸と葵海が手をつなぎ、上っていった神社の石段を、その時、私も上っていたのだ。胸キュンスポットとはつゆ知らず……。

上りが続く参道と長くて急な石段は結構きついが、途中には望洋亭と名づけられた休憩所もあり、そこから眺める牛窓の町と内海の美しさは、疲れを忘れさせてくれる。写真の随神門を通って石段を上ると拝殿があり、その裏手には優美な本殿が鎮座ましましている。拝殿までたどり着くには少ししんどいが、牛窓神社も間違いなく胸キュンスポットの一つである。

牛窓神社の隋神門。この石段を2人が浴衣姿で……

## キャンパス内の〈胸キュン〉スポット～四国学院大学～

胸キュンスポットは、牛窓だけではない。陸と葵海ら主人公の5人が通学していた大学のキャンパスにもあった。ロケ地は四国学院大学と岡山県立大学である。

牛窓を訪ねて4日後の7月10日（月）、香川県善通寺市にある四国学院大学に。岡山駅から特急〈南風〉に乗る。児島駅を出るとすぐ瀬戸大橋。先日「ひるね姫～知らないワタシの物語～」（本書94ページ参照）の原風景を訪ねて歩いた下津井の街並みを右に、左に「二等兵物語～死んだら神様の巻～」（拙著「瀬戸内シネマ散歩Ⅱ」参照）のロケ地・釜島を見ながら、那須さんは島に帰れただろうかなどと考えているうちに、昨年「ＵＤＯＮ」（本書132ページ参照）の取材で訪れた瀬戸大橋記念公園が右下に見えてくる。

土器川を渡ると丸亀。ここには「ＵＤＯＮ」に加えて「きな子～見習い警察犬の物語～」（拙著「瀬戸内シネマ散歩Ⅱ」参照）の取材でも訪れた。約1時間で善通寺駅着。

駅前の大通りを真っすぐに10分も歩けば大学の正門に。四国学院大学（善通寺市文京町）は、1949年、福音主義キリスト教信仰に立つ高等教育機関として設立され、現在はその歴史的背景を礎に、文学部、社会福祉学部、社会学部の3学部を持つ大学である。キリスト教、社会福祉、国際交流など学びを支える特色の一つにドラマ教育があり、客員教授の本広克行監督は、平成17年（2005）、この大学を舞台に映画「サマータイムマシン・ブルース」を製作している。ドラマ教育などの演劇コースはこの大学の大きな特徴である。

総務課を訪ね、吉岡舞美さんと学生コモンズ支援課の宮内健彰さんに話を聞く。吉岡さんが声をかけてくれていた学生の逢坂涼介くん、重田美久さんも同席して。

「製作サイドから最初に話のあったロケ場所は図書館で、ということだったのですが、その後、バンドの部室としての部屋も、ということになり、主に2か所で撮影が行われました。撮影期間は準備を入れて約1週間ぐらいだったと思います」と、宮内さん。

「最初はエキストラとして参加の予定でしたが、大学から製作スタッフとして入るように言われ、特機班の一員として実質3日間でしたが参加しました。僕は演劇コースの学生でしかも映画製作を希望していましたので、映画の現場は初めてで、大変勉強になりました」と、逢坂くん。

「私は募集の案内を見てエキストラとして参加しました。一番印象に残ったのは、スタッフと出演者の仲の良さでした。それと、陸と葵海のキスシーンを図書館の2階から見ることができたことも。その場所は、エキストラで参加した人だけに与えられたベストポジションでした」と、重田さん。

四国学院大学の図書館

早速、吉岡さんに胸キュンスポットの図書館に案内していただく。

エクテス館と呼ばれる図書館は、平成18年竣工の新しい建物で、旧図書館書庫と合わせると約25万冊の本が収蔵されている。この図書館、吉岡さんによると、上から見ると本を開いた形の屋根になっているそうだ。

図書館の中は、香川敏子図書課長に案内いただいた。

陸が葵を助けるためにどうすべきかをノートに書き連ねていた閲覧スペース、直哉が、葵海が好きだと告白するぞ！　と陸に宣言した新聞・雑誌コーナーなどが1階にあるが、何といっても目を奪われるのが、参考資料スペース。両脇の荘重な、という言葉がふさわしい本棚、ユニークなデザインの照明付きの書見台とその並び、きれいに磨かれ木目の美しい床、そしてガラス張りの向こうに見える樹々と芝生の緑。こんな美しい図書室は見たことがない。

葵海、はしごを使って本棚に手を伸ばす。

陸、下から手を伸ばし本を取ってやる。

「あのさ、葵海。お前がどれだけ先走って転びそうになっても、俺がもっと先にいてお前のこと、守るから」

本を手にした葵海にそっとキスする陸。

陸と葵海、2人の初キスシーンの背景としてこの場所を選んだ監督に敬意を表したい。

2階に上がって重田さんも見ていたという場所から改めて胸キュンスポットを眺める。こんなところで好きな本をゆっくり読みたいな、と夢見る私がそこにいた。

図書館と芝生を挟んでその向こうに、通称〈ホワイトハウス〉と呼ばれている建物がある。バンドの部室として撮影された部屋は、その建物の2階にあった。

「実は、この部屋では、10年以上前になりますが〈サマータイムマシン・ブルース〉のロケが行われた際、SF研究室の部室という設定で撮影がありました。そのあと部屋には、いまもここにある映画のキャラクターを記念に展

ここで2人の初キスシーンが……

示していたんですが、今回〈君と100回目の恋〉でもこの部屋を使用することになったので、展示物を移動し、ライブの部室に変身しました」と、吉岡さん。

なるほどここで陸と葵海ら4人のバンドと葵海の親友・里奈の夢と愛と葛藤の青春が描かれていたのだ。部屋はまた、すべての大道具、小道具が撤去され、元に戻されている。

〈ホワイトハウス〉は、現在、パソコンが自由に使えるメディアルームや国際交流プラザとして活用されているが、キャンパスの中では少し異質の歴史の重みを感じさせる建物だったので、後で調べてみた。

映画「レオニー」の取材で陸上自衛隊善通寺駐屯地を訪ねた際、そこが明治31年、旧陸軍第11師団が置かれた場所だと知った。（本書182ページ参照）。その時いただいた資料を取り出してみると、四国学院大学のあるエリアには旧11師団の騎兵連隊が置かれていたとある。そこで香川県の近代建築をネットで検索すると、〈ホワイトハウス〉は、騎兵第11連隊本部が置かれていた建物で、昭和初期の建造物と記されている。同じキャンパス内にある〈2号館〉も騎兵隊の兵舎だった建物で、文化庁登録の有形文化財だそうだ。

図書館と〈ホワイトハウス〉の前は、広大な芝生広場になっている。ここでも、陸たちがキャンパス生活を楽しんでいる様子が撮影されているが、忘れてはならない歴史の痕跡は、今も様々な場所に、様々な形で残っている。

バンドの部室として撮影された部屋。「サマータイムマシン・ブルース」のキャラクターの後ろ、左から逢坂くん、重田さん、吉岡さん

最後に吉岡さんが案内してくれたのは、正門を入ってすぐの十字路。そこには音声ガイド付きの点字ブロックがあり、踏むと、四方の案内が流れてくる、右に行くと学生会館、左に行くと女子寮ですよ、というように。社会福祉は大学の大きな柱になっている。

## キャンパス内の〈胸キュン〉スポット～岡山県立大学～

吉岡さんにお礼を言って善通寺駅へ。駅舎でパンとおにぎりの昼食を済ませ、再び特急〈南風〉で岡山へ。岡山駅で、JR桃太郎線（吉備線）に乗り換え、30分弱で服部駅着。ここから5～6分も歩けば岡山県立大学（総社市窪木）の西門。取材のお願いをしている総務課の妹尾さんのデスクがある本部棟まで広いキャンパスを歩いていく。

岡山県立大学は、平成5年（1993）開学の大学で、現在、保健福祉学部、情報工学部、デザイン学部の3学部と大学院があり、約1800人の学生（平成29年5月現在）が30ヘクタールを超える緑豊かなキャンパスで学んでいる。

総務班のグループリーダー妹尾亨さんと岩佐亜也子さんに話を聞いた。

「製作サイドの方から話がきたのは、ロケが行われた前年の秋だったと思います。監督さんを含めて何度も何度もキャンパスを見に来られました。その後、県からも依頼があり、正式発表は、撮影が始まる1か月前の4月でした。たまたま、この時期は、皇太子さまが7月に行われる岡山県が主会場の中国

岡山県立大学のキャンパス

インターハイの総合開会式に出席され、そのあと、県立大学においでになって学内の育児支援拠点〈子育てカレッジ〉を視察されることになっており、2つのイベントが重なって大変でした」と、妹尾さん。

「ロケは、実質5月14日（土）、15日（日）の2日間でしたが、エキストラの募集とかも含め準備期間は長かったですからね」と、岩佐さん。

妹尾さんは、ロケ関連の資料をとじた分厚いファイルをめくりながらいろいろ説明して下さった。ロケは製作スタッフや出演者だけではなく、いろんな人たちの協力があって初めて成り立つものだということを妹尾さんのファイルをみて実感した。

この講義室から物語は始まった……

まず妹尾さんに案内いただいたのは講義室。教授（大石吾郎）の講義を受けながら居眠りをしていた葵海が、夢から覚めて、テキストの「モモ」（ミヒャエル・エンデ著）を机の下に落としてしまうという映画の冒頭シーンが撮影された場所である。教授が言う。「あんまりのんびりしていると時間泥棒が時間を盗みに来ますよ！」と。このあともタイムリープするたびにこの講義室が何度も登場する。

大学で一番大きなこの講義室は、学部共通棟（南）にある8206講義室で、今日は午後4時から実際に講義があるという。葵海と里奈が座っていたあたりから写真を撮っていると、学生が次々と入ってきた。今日の講義は、共通教育分野での自然科学入門で1回生が多かったせいか、ロケが大学で行われたことは知っていても、この講義室で撮影があったことは知らないとの返事が多かった。

学部共通棟（南）を出て、すぐ左手に共通棟の南と北を繋ぐ屋根のない渡り廊下がある。講義室から飛び出した葵海と陸が駆け寄った場所である。

共通棟の1階に下り、2人がキャンパス内にあるベンチに腰を下ろし夢を語り合った胸キュンスポットを、妹尾さんと一緒に探す。その場所は、学生会館の前、歩道を挟んでその反対側にある緑地帯の前にあった。樹々の向こうには2人の背後に映っていた図書館の支柱が見える。


「葵海、やっぱり留学するんだ。英語もしゃべれないのに」

「言葉なんて、何とかなるよ。明日のことは明日。今日は今日を楽しまなくちゃ」

「そうだな、翻訳家になる夢、きっと叶うよ」

「陸、私がいなくなっても泣かないでね」

「泣く」

「え、泣いちゃうの」

2人が仲良く腰を下ろしていたベンチ

2人が語り合っていたベンチの後ろにある緑地帯には偕の木も植えられている。そういえば緑豊かなキャンパスには様々な樹木が植えられているが、偕の木が目立つ。妹尾さんに聞くとやはりキャンパスのシンボルツリーは偕の木だそうだ。

ちなみに、この木は中国大陸、フィリピン原産で、日本では岡山県備前市の閑谷学校の2本が有名だ。

妹尾さんにお礼をいった後、〈学問の木〉と言われている偕の木を、あ、ここにも、あ、ここにもと探しながら西門まで歩き、服部駅に向かった。

（取材日／平成28年6月26日、平成29年7月6日、10日）

## 参考文献・資料

「キネマ旬報」キネマ旬報社
「現代映画用語事典」山下慧、井上健一、松崎健夫著　キネマ旬報社
「『男はつらいよ』寅さんロケ地ガイド」「男はつらいよ　寅さんＤＶＤマガジン」編集グループ＝編　講談社
「男はつらいよ　寅さん読本」寅さん倶楽部編　ＰＨＰ文庫
「ふたりのイーダ」松谷みよ子著　講談社
「夢千代日記」早坂暁著　新潮文庫
「ひるね姫～知らないワタシの物語～」神山健治著　角川文庫
「恐るべきさぬきうどん」ゲリラうどん通ごっこ軍団（略称麺通団）編　株式会社ホットカプセル
「恐るべきさぬきうどん　第2巻」ゲリラうどん通ごっこ軍団（略称麺通団）編　株式会社ホットカプセル
「岡山県大百科事典」山陽新聞社
「山陽町史」山陽町史編集委員会編
「広報 大崎上島 №.112号」大崎上島町企画振興課発行
「岡山文庫」シリーズ　日本文教出版
（難波数丸著「岡山の駅」、前川満著「牛窓を歩く」、巌津政右衛門著「岡山の島」、下電バス社内報編集室編「下電バス沿線」、岡山放送報道部編「瀬戸大橋」、松田完一著「岡山の映画」）
「毎日ムック　新版 戦後50年」毎日新聞社
「山口市地典」都市地典出版社
「瀬戸田町合併50周年記念誌　歴史海道瀬戸田を歩く」瀬戸田町役場
「瀬戸田町史」瀬戸田町教育委員会
「夕刊岡山」保存版
「防長新聞」縮刷版
「山陰新報」マイクロフィルム版
「中国新聞」縮刷版
「徳島新聞」マイクロフィルム版

# あとがき

平成21年、40年に及ぶサラリーマン生活を卒業した私は、〈ひまつぶしとボケ防止〉をキャッチフレーズ（?）に大好きな映画のロケ地巡りを始めました。幸いなことに、ロケ地を巡る〈シネマで散歩〉は雑誌に連載され、結果として「瀬戸内シネマ散歩」「瀬戸内シネマ散歩Ⅱ」として出版することもできました。

そこでひとまず休止ということにしていたのですが、本書でも記しているように「集金旅行」というロードムービーにめぐり合い、再び〈シネマで散歩〉をスタートさせました。

「集金旅行」は昭和32年（1957）、映画の黄金時代の作品です。当然、中四国各地でロケの行われたのも昭和32年、今から60年前です。

中村登監督を初め佐田啓二ら主要キャストの多くが鬼籍に入り、〈錦帯橋〉は3代目から4代目に、映画館の〈錦帯劇場〉はスーパーの〈中央フード〉に、〈サビエル記念聖堂〉は焼け落ち〈新サビエル記念聖堂〉に、〈瑠璃光寺五重塔〉の前の水田は公園に、〈萩駅〉は〈萩市自然と歴史の展示館〉に、生口島の塩田はレモン畑に、〈丸新デパート〉は駐車場になど、ロケ地は大変貌を遂げていました。しかし、フィルムには当時の街や村や島の風景とそこに暮す人たちの姿がそのまま残されています。映画は〝時代を映す鏡〟を再確認すると同時にロケの模様を事細かに報ずる当時の地元紙をチェックしながら映画の黄金時代を追体験した1年間の旅でした。

この貴重な旅の記録は、出版化し、ロケ地散歩の集大成としてぜひ残したいと思いましたが、これだけでは枚数が足りず、半年後、「海峡」を手始めにロケ地巡りを再開しました。が、途中、体調を崩し、〈シネマで散歩〉も休止、出版化は諦めていました。

そんな時、これも本書で記しているように、松山善三監督の「2人のイーダ」と出会い、ぜひともロケ地を訪ねたいと思いました。幸い、体調も良くなり、加えてその後も、現在、私が住んでいる赤磐市を舞台にした

「種まく旅人～夢のつぎ木～」や倉敷市児島の下津井地区が原風景になったアニメ「ひるね姫～知らないワタシの物語～」が製作、公開されたこともあり、暑さの中、汗をかきかき、ロケ地の散歩を続けました。

これらの書下ろし分を含めて出版したのが本書の「瀬戸内シネマ散歩Ⅲ」です。

お忙しい中、そしてアポなし取材にもかかわらずお付き合いいただいた皆さん、ありがとうございました。

原稿作成に際しては、本書に掲載の参考文献・資料のほかに、各自治体や観光協会、各地のフィルムコミッションが作成されたパンフレットに加え、インターネットのウェブサイトの情報も参考にさせていただきました。ありがとうございました。

連載でお世話になった「週刊Vision岡山」の安藤展義氏、大森昭伸氏、出版に際してお世話になった吉備人出版の山川隆之氏、守安涼氏、映画の紹介コーナーで映画のタイトルロゴとは別に伝筆《つてふで》による素晴らしいタイトルを書いていただいた西村英子氏、ありがとうございました。ちなみに、伝筆とは、誰でも、いつでも、どこでも描ける、心が伝わる筆文字のことです。

そして、いつものように、車を運転しない私のために、ドライバーとして取材に付き合ってくれた妻にもありがとうを。

あとがきのラスト2行は「瀬戸内シネマ散歩」（平成21年刊）、「瀬戸内シネマ散歩Ⅱ」（平成24年刊）と同じ言葉で締めくくらせていただきます。

「ＤＶＤ＆ブルーレイを観てからロケ地に行くか、行ってから観るか、それはあなたにおまかせします。バッグにこの本を忍ばせて、ロケ地の散歩と洒落込んでいただければこの上ない幸せです」。

平成29年11月

〈プロフィール〉

鷹取洋二（たかとり・ようじ）

1944年岡山県勝田郡勝田町（現在美作市）生まれ。

68年岡山放送株式会社（OHK）入社。編成、営業、報道各局長、取締役、監査役を経て07年、同社を退社。09年まで同社顧問。09年～12年おかやま魁代表。

映画大好き人間。「好きな映画は？」と問われると、邦画では「関の彌太っぺ」（監督／山下耕作、主演／中村錦之助）、洋画では「冒険者たち」（監督／ロベール・アンリコ、主演／リノ・ヴァンチュラ、ジョアンナ・シムカス、アラン・ドロン）と答えている。

著書に『瀬戸内シネマ散歩』『瀬戸内シネマ散歩Ⅱ』（いずれも吉備人出版）、『岡山大学を歩く』（共著、書肆亥工房）。

岡山県立津山高校、岡山大学法文学部史学科卒。岡山県赤磐市在住。

瀬戸内シネマ散歩Ⅲ

2017年11月15日　初版発行

著　者　鷹取洋二

発　行　吉備人出版
〒700-0823 岡山市北区丸の内2丁目11-22
電話 086-235-3456　ファクス 086-234-3210
ＷＥＢサイト http://www.kibito.co.jp
Ｅメール books@kibito.co.jp

印刷所　富士印刷株式会社

製本所　日宝綜合製本株式会社


ISBN978-4-86069-529-3 C0095